JN081616

潜在トラブル箇所を総点検

中小企業のための
予防法務
ハンドブック

一般社団法人予防法務研究会 ［編］

花房裕志・野中啓孝・木村浩之・堤 雄史 ［著］

中央経済社

はしがき

　「予防法務」とは、将来のトラブルや紛争発生のリスクを未然に防ぐための対策を講じること、平たく言えば紛争予防を目的とした法律業務のことをいいます。法令を遵守すること（コンプライアンス）が特に重視される大企業ではもちろん、中小企業においても、円滑な経営のためには紛争予防が重要であることは言うまでもありません。

　この点、中小企業では、限られた人員の中で、紛争予防は後回しにして、紛争が生じたときにその都度対応すればよいと考える向きもあります。しかし、実際に紛争やトラブルが生じた場合には、最終的な解決までに経済的なコストのほか、多大な労力・時間的なコストを要することになります。また、情報化が進展した現代の社会では、インターネットやSNSを通じた深刻かつ甚大な被害、取り返しのつかない風評リスクが生じる可能性もあります。

　さらに、予防法務の徹底には"ワクチン"のような効果があり、万が一紛争やトラブルが発生した場合でも、それによる会社の損害を最小限に抑えることが可能です。これらを考えれば、企業の経営において予防法務を徹底しておくことのメリットは明らかといえます。

　他方で、企業の経営に関連する法令は複雑で多岐にわたっており、その改正も頻繁になされますので、これらを中小企業の限られた人員でカバーするのは非常に困難です。ところが、「予防法務」という切り口で、中小企業に向けて網羅的に整理された書籍はこれまでなかったのが実情といえます。

　そこで、一般社団法人予防法務研究会では、各種の法分野に精通した弁護士が集まり、予防法務の観点から最低限押さえておきたいポイントを整理して、一冊の書籍にまとめることにしました。

本書の特色として、会社の設立・運営、契約書の作成、労務といった基本事項から、知的財産、海外事業、会社承継といった応用事項まで、企業の経営にまつわる課題を幅広くカバーしています。そのうえで、各テーマに精通した弁護士が実際の相談内容や紛争事例をもとにして、Q&A形式で予防法務の基本的な知識を整理して解説しています。

　さらに、各テーマに関連する応用的な内容についても、「法務ワーク〜Home Work〜」と題するコラムで取り上げています。そういうわけで、本書は、予防法務に必要な知識を"これ一冊"で押さえることができる「ハンドブック」として活用いただけるように工夫しました。

　本書は、中小企業の経営者や法務担当者、これらの方々に助言をする立場にある各種の専門家・実務家、さらには企業法務に関心のある学生の皆さんを読者として想定しています。一般社団法人予防法務研究会では、本書についてのご批判を含めて、予防法務に関するご意見を広く募集しています。また、全国各地・オンラインでの各種セミナーのご依頼も積極的に受け付けておりますので、下記事務局までお気軽にお問い合わせください。

＜お問い合わせ先＞
一般社団法人予防法務研究会　事務局
Email：info@yobouhoumu.com

　最後になりますが、本書の出版に当たっては、株式会社中央経済社税務編集部の牲川健志氏に、編集・校正の全般にわたって大変細やかなご指導をいただきました。本書でわかりづらい点があれば筆者一同の責任ですが、読みやすい点があるとすれば同氏のお蔭です。ここに記して謝意を表します。

令和3年6月
一般社団法人予防法務研究会

目　　次

3　契約書作成の予防法務

4　労務の予防法務

①

会社設立の予防法務

　人の一生にたとえると、会社の設立は「出生」にあたります。人の出生で私たちができることは限られますが、法律によって法人格が認められた存在である会社については、その出生する会社を自由に設計することができます。そこで、会社設立後の経営を円滑にするため、予防法務の観点からは、新しく生まれる会社をどのような会社とするか事前に検討しておくことが重要です。

　本章では、これから初めて会社の設立をする場合はもちろん、すでに会社設立の経験のある方でも、新会社を設立する際に、ぜひ目を通していただきたい会社設立の予防法務について解説します。

(1)　事業を行う際に会社を設立するメリット

Q

事業を行うにあたって、私が個人で行う（個人事業）のと、会社を設立して法人で行うのとでは、どのような違いがあるのでしょうか。

A　個人で事業をする場合、事業上の債務やリスクをすべて個人で負うことになりますが、法人で事業をする場合には、そのような個人の負担が軽減されます。また、税務上の取扱いも異なっており、一般的に法人で事業を行うことが有利になる場合が多いといえます。さらに、社会保険・福利厚生の面でも違いが生じます。

解　説

1　会社設立（＝法人で事業を行う）で、事業上のリスクから個人資産を守る

　個人で事業を行う場合には、事業上の債務やリスクはすべて個人が負うことになります。したがって、経営が悪化したときには、預金や不動産などの個人の資産を債務の弁済に充てなければならず、個人の資産が債権者に差し押さえられるといった事態が生じる可能性があります。

　これに対して、会社を設立して法人で事業を行う場合には、個人は会社設立のために出資をするという限度で責任を負う（出資が戻ってくる保証はない）ことになりますが、事業上で生じる債務やリスクについては、基本的には個人とは独立した法人格を有する会社が負うことになります。

　したがって、法人で事業を行う場合には、将来発生する可能性のある事

業上の債務やリスクから個人の資産が守られるというメリットを享受することができます。なお、すでに個人で事業を行っている場合でも、新たに会社を設立して事業を会社に移すということも可能です（これを「法人成り」といいます）。

もちろん、会社設立には一定の費用がかかりますので、事業規模が小さい場合には費用をかけてまで法人化する必要はないこともありますが、将来のことを考えると、なるべく早期に会社を設立して事業を行うほうが望ましいといえます。

2 所得の金額が多くなると、会社設立（＝法人税）のほうが、個人事業（＝所得税）より税負担が軽減される

個人で事業を行う場合、その事業から得られた収益については、個人の事業所得として所得税の課税対象になります。所得税の税率は、所得の金額に応じて段階的に上がる仕組みになっており（これを累進税率といいます）、その最高税率は住民税を入れて55％となります。

これに対して、会社を設立して法人で事業を行う場合には、その収益は法人税の課税対象になります。法人税の税率は一定の税率であり、税制改正による変動はありますが、地方税を入れて概ね30％となります。そこで、所得の金額が一定を超える場合には、法人で事業を行うほうが税負担の観点からは有利になることが多いといえます。

また、税率以外にも、法人で事業を行う場合、所得を分散することができますので、これにより税負担が軽減される可能性もあります。すなわち、会社を設立した個人は、会社の役員として報酬を受け取ることになりますが、家族にも役員や従業員になってもらうことで、一人で報酬をもらうよりも低い税率での課税で済む可能性があります。

なお、役員に支払う報酬については、損金算入が制限されて法人税の課税対象となる場合がありますので、注意が必要です（→②(4)47頁参照）。

　このように、法人で事業を行う場合には税務上のメリットを享受することができますので、将来の事業計画を策定したうえで、税務上の観点も踏まえて、会社の設立を検討すべきと思われます。特に、家族で会社を経営していくような場合には、家族に役員に就任してもらい報酬を支払うことや会社で家族を雇用して給与を支払うなど家族全体の税負担を踏まえて検討することが望ましいといえます。

3　会社設立で役員・従業員個人に与えられた便益に課税されないようにできる

　個人で事業を行う場合、従業員が5人未満であれば厚生年金や健康保険の加入は義務ではありません。

　これに対して、法人で事業を行う場合、役員・従業員について厚生年金や健康保険に加入する必要があり、その保険料を法人が負担することになります。これは事業主の立場からすると負担が増えることになりますが、他方で、従業員の立場からすると福利厚生が手厚くなることを意味しますので、必ずしもデメリットばかりというわけではありません。会社を設立するということは事業を組織化するということです。そして、組織が大きくなって従業員の数が増えてくると、その福利厚生を図ることが必要となってきます。

　この点、社会保険以外に、会社が役員・従業員の福利厚生を図るために何らかの支出をする場合、税務上は、福利厚生費として損金算入が認められ、便益を受けた役員・従業員において特段の課税はなされないものとして取り扱われます。

　ただし、その便益が専ら役員・従業員個人に帰属して実質的には労務の
対価であると認められる場合には、給与として取り扱われ、役員・従業員
において所得税の課税の対象となりますので、その区分が重要になります。

　考え方としては、会社の事業のために必要な支出であって、便益を受け
ることができる対象者に不合理な限定がなく、かつ、負担する金額が合理
的な範囲に収まるものであれば、会社のための支出として福利厚生費に該
当すると解されます。

　例えば、職場の士気、労働意欲を高めるために社員優待制度を設けるこ
と、社員の結束を高めるために社員旅行をすること、健康増進のための器
具備品を備えること、健康診断の費用を負担することなど、合理的な範囲
で物心両面から職務環境を整えるために必要な支出をすることは、役員・
従業員の個人的な利益を図るという目的を超えて会社の事業のために必要
であるといえます。したがって、これらはその対象者に不合理な限定がな
く、その負担が過大なものでなければ、福利厚生費として損金算入が認め
られるものと考えられます。

⑵ 会社の設立ですべきことと設立時に生じ得る トラブル

Q

事業を始めるにあたって会社を設立することにしましたが、法律的に
問題になりやすい点や生じ得るトラブルを予防するために最低限押さ
えておくべき重要な点について教えてください。

A 会社を設立する際には、まずは会社の形態を選択したうえで、
事業内容や将来の見通しを踏まえた適切な定款を作成する必要
があります。また、複数名が共同で会社を設立する場合には、あらか
じめ取り決めをしておくことが望ましいです。

解　説

1　会社の形態は4つから選ぶ。中でも有限責任の株式 会社と合同会社の2つが多い

　会社の設立にあたって、会社法上は、株式会社、合名会社、合資会社お
よび合同会社の4つの形態から任意に選択することができますが、合名会
社と合資会社については、設立者（出資者）が個人で会社の債権者に責任
を負うことになります（これを「無限責任」といいます）ので、一般に選
択されることは少ないといえます。そこで、以下では、株式会社と合同会
社に絞って、これらの異同について簡単に説明します。

　まず、株式会社と合同会社のいずれも設立者（出資者）が個人で会社の
債権者に責任を負うことはない（これを「有限責任」といいます）という

点で共通します。

　他方、相違点として、株式会社は、合同会社に比べると、出資者としての地位の移転が容易である、出資受入れのために株式を柔軟に活用できる、出資比率に応じた多数決によって会社運営がなされる、会社の所有と経営が分離される、といった長所があります。

　その反面、株式会社は公証役場での定款認証が必要であって設立費用が相対的に高く（合同会社が数万円程度であるのに対し、株式会社は20万円程度が相場とされます）、さらには毎年の決算公告が必要であり、役員の任期が制限されるといった会社法上の規制がより多くなされていることが短所であるといえます。

　そこで、少人数によるシンプルな経営を重視するといった場合は合同会社、多くの出資を受け入れたいといった場合は株式会社を選択することが最適といえます。

2　作成が必須の定款にみる会社設立時に生じ得るトラブル

　いずれの会社も、会社の運営に関する基本的な事項を定めた「定款」を作成した上で設立します。会社の設立後も定款を変更することは可能ですが、そのためには株主総会決議や登記変更の手続などの負担が生じますので、最初に適切な定款を作成しておくことが望ましいといえます。

　以下では、株式会社を例に、定款の作成にあたってポイントとなる事項について説明します。

①　商　号
　会社の名前を「商号」といいます。商号は任意に決められるのが原則ですが、他社と紛らわしい商号は紛争のもとになりますので、避けるべきでしょう。

他社の登録商標を商号として使用する場合、事業を制約する可能性があります（→18頁 法務ワーク～Home Work～ 参照）。そのほか、他の会社と同一の商号であって、かつ、同一の本店所在地であるときは、登記ができないとされています（商業登記法27条）。

② 事業目的

定款では、会社がどのような事業を行うかという事業目的を定めます。会社が事業目的以外の行為をした場合は無効とされる可能性があります。そこで、無用なトラブルを回避するため、将来行う可能性のある事業については、広く事業目的として定めておくことが有益です。

また、事業目的を個別に列挙した後、「前各号に付帯関連する一切の事業」と入れておくことが一般的です。なお、業種によっては、許認可を受ける際に、特定の事業目的が記載されていることが要件とされていることがありますので、事前に確認が必要です。

③ 資本金

会社の設立時に払い込まれる資金の全部または一部を資本金とします。資本金は会社規模の目安にもなるものですが、資本金の額により、設立時の登録免許税、消費税の課税と免税、住民税の負担などが変わることに注意が必要です。

特に、消費税は資金繰りに直結するところ、設立時の資本金が1,000万円未満の場合は、1期目と2期目の消費税が免税される可能性があります。すなわち、消費税については、基準期間である前々事業年度における課税売上高が1,000万円以下であれば納税義務が免除されますが、新たに設立された法人の場合、設立1期目と2期目には基準期間がありませんので、原則として納税義務が免除されます。ただし、基準期間がない場合でも、資本金の額が1,000万円以上であれば納税義務は免除されないものとされています。資本金の額を決める際は、このような事情にも留意してください。

④ 発行可能株式数

会社が実際に発行する株式数を「発行済株式数」といいますが、会社が発行できる株式の上限数を定めておくのが「発行可能株式数」です。これが十分でないと将来に機動的な新株発行ができませんので、ある程度余裕をもっておくことが望ましいといえます。

⑤ 決算期

会社の計算期間は通常1年ですが、1年の区切りとなるのが「決算期」であり、決算期によって区切られる1年を「事業年度」といいます。一般に大会社では3月や12月を決算期とすることが多いですが、決算期をいつにするかは自由に決めることができます。

この点、法人税の申告・納付期限は事業年度終了日の翌日から2か月以内とされていますので、時期によって売上が変動する事業を行う場合には、資金繰りの観点も踏まえて定める必要があります。

なお、定款では、事業年度終了後に定時株主総会を開催する時期を定めることが一般的ですが、法人税について申告・納付期限を1か月延長できる特例の適用を受けるため、事業年度終了から3か月以内に定時株主総会を開催する旨を定めておくことも多いといえます。

⑥ 役員の任期

会社法上、株式会社の取締役の任期は原則として2年とされています（会社法332条1項）。これによると、2年ごとに株主総会で取締役の選任決議が必要であり、また、その都度登記変更の手続も必要で（これを怠ると過料の制裁がなされる可能性があります。会社法976条1項）、小規模な会社の場合には煩雑であると考えられます。

そこで、定款で定めておけば、役員の任期を10年まで伸長することが可能となります（会社法332条2項）。小規模の会社で、頻繁に取締役を選改任することを予定していない場合には、2年よりも長い役員の任期を定めて

おくことが考えられます。

3 会社を共同で設立する場合は一方が退任する場合をあらかじめ想定する

合同会社であっても株式会社であっても、会社は1名で設立できますが、複数名が共同で設立することも可能です。共同で会社を設立して事業を行うことは、事業拡大が加速したり、複数の専門分野に強みを持てたり、多様な観点から判断を下せたりするなどのメリットがある一方、経営方針が合わずに対立が生じることで、事業に支障をきたすリスクがあります。

予防法務の観点からは、そのようなリスクに備えて、共同で会社を設立する場合（特に、2名が2分の1ずつ、3名が3分の1ずつ保有するなど、過半数の議決権を有する者がいない場合）には、経営に関する意見が一致しない場合の意思決定の方法や、一方が退任する場合にその出資持分や株式をどのような条件で買い取るかなどについて、あらかじめ取り決めをしておくことが有益です（→②(3)40頁参照）。

法務ワーク～Home Work～　━━━● **商号と商標**

商号とは、いわゆる会社名のことです。これに対して、商標とは、商品・サービスを識別するためのマークです。商号と商標は、名前は似ていますが、全く異なるものです。その違いをまとめると右頁の表のようになります。

商号は、実務的には、商標として使用されていることがほとんどです。例えば、会社のウェブサイトで、商号と商品名・サービス名を併記している場合には、通常は、商品名・サービス名だけでなく、商号も商標として使用されていると判断されることになるでしょう。このことから、以下の点に注意する必要があります。すなわち、

①商号を決める際には、将来商号を商標として使用した場合に、他人の商標権を侵害しないか確認しておくこと

	商　号	商　標
説明	会社名のこと	商品・サービスを識別するためのマークのこと
登録／登記	法務局で登記する。同一本店住所で同一商号でなければ、登記することができる。	特許庁に商標登録出願して審査を経ることで商標権が取得できる。基本的には、他人の先行登録商標がなければ登録される。
独占性の有無	なし。 （ただし、例外的に、商号が有名になっている場合には、法的保護が与えられる場合がある）	あり。日本国内で他人が同一または類似のマークを同一または類似の商品やサービスに使用していれば、差止請求や損害賠償請求などができる。

②商号と同じネーミングで商標登録出願をしておくこと
です。

　①については、商号登記できたからといって、その商号を商品・サービスに使用してよいというわけではなく、もし他人がその商号について商標権を取得していれば、警告書が送られてくることになるためです。

　②については、商号登記の際に他人の商標権がなくても、将来他人に出願されて商標権侵害になってしまう可能性があるためです。商標取得は早い者勝ちなのです。

　ところで、「商標として使用」するとは、「自他商品識別機能ないし出所表示機能を有する態様で使用する行為」で、簡単にいえば、他社のマークと区別されて商品の出所を示す役割を果たす使用方法ということになります。

　つまり、商号を商品パッケージに表示したり、商号を店舗に表示したりすることは、同時に商標としての使用に該当することが多いのです。したがって、商号を決める際にも、商標について注意しておく必要があります。

(3) 許認可と法規制の基礎知識

Q

新たに会社を設立して事業を始めるにあたって、どのような法規制に気をつける必要があるでしょうか。

A これから始めようとする事業についての法規制として、許認可や届出・登録が必要かどうかを確認することが重要です。事業の内容や形態を改めることで許認可等が不要となることもありますが、基本的には必要な許認可等を得るようにしましょう。

解 説

1 事業に関する法規制を確認する

新たに会社を設立して事業を開始する場合（既存の会社で新たな事業を開始する場合も同様です）には、関係する法令によって当該事業が規制されていないかを確認することが必要不可欠です。そして、確認した結果、当該事業について法規制が存在することが判明した場合は、その規制を遵守しなければなりません。

法規制として多いのは、特定の事業を行うにあたって、関係する行政機関である規制当局の許認可を受けること（許認可制）や届出・登録を行うこと（届出制・登録制）が義務として法定されている場合です。その場合は必要な許認可等を得ることで適法に事業を行うことが可能となります。

この点、事業の内容や形態を改めることで規制の対象外となることもありますが、予防法務の観点からは、基本的には必要な許認可の手続を経る

ようにしましょう。

　なお、許認可等以外の法規制としては、特定の内容の事業を行うことが禁止されていることがあります。例えば、労働者派遣事業については、建設業務、港湾運送業務、警備業務といった一定の業務に関する労働者派遣が禁止されています。会社設立の際は、事業の内容に、このような禁止されている業務が含まれないように注意する必要があります。

　あるいは、事業の形態を改め、労働者派遣ではなく、建設会社、運送会社、警備会社を設立した上で、下請先または業務委託先として参入するといった方法も考えられます。もっとも、これらが脱法行為とみられないようにするため、判断が難しい場合には弁護士などの専門家に相談するようにしましょう。

2　法規制の確認時の具体的な留意点

①　許認可制

　新たに始めようとする事業に許認可が必要なときは、必ず許認可の要件を確認し、その要件を充足した上で、実際に許認可を得ることが必要です。

　許認可が必要な事業として、例えば、建設業、飲食店業、労働者派遣事業、食料品製造業、古物営業、風俗業、自動車運送業などがあります（主な許認可は24頁 法務ワーク〜Home Work〜 参照）。許認可が必要な事業を無許可・無認可で行うことは違法であり、刑事罰を科されることもあります。

　また、許認可制の対象となる事業については、許認可を得て事業を開始した後にも遵守すべき様々な規制があり、これに違反すると、許認可の取消しや刑事罰がありますので、許認可を得た後の規制についても十分な確認が必要です。

② **届出制・登録制**

　事業を行うために、関係する行政機関に届出・登録をすることを義務づける届出制・登録制が採用されている場合もあります。例えば、貸金業、旅行業、電気工事業、医療機器製造、住宅宿泊業（民泊）、理美容業、ガス販売業などは登録制であり、事業を行うにあたっては、事前に登録を受けることが必要とされています。

　届出制・登録制の事業については、許認可制の事業に比べると、比較的要件が厳しくないことが多く、規制も厳しくはない傾向にありますが、それでも、規制に違反すれば刑事罰の対象になり得ることは同様ですので、事前に規制内容を確認しておくことが大切です。

③ **要否の判断は業種に加えて事業の具体的な内容にも着目する**

　許認可や届出・登録の要否を検討するにあたっては、単に業種にのみ着目するのではなく、具体的な事業の内容を慎重に検討することが重要です。例えば、美容機器を販売する事業を行う場合、美容機器販売には特段の規制がないとしても、これが医療機器にも該当するとすれば、医療機器販売として届出が必要であるということになります。

　事前に慎重な検討をせず、必要な許認可等を経ずに事業を行えば、刑事罰の対象になるのみならず、風評被害が生じるリスクもありますので、不安がある場合は、迷わず弁護士などの専門家に相談するようにしましょう。

3　グレーゾーン解消制度を利用しよう

　新たに事業を始める際に、事前に慎重な検討をしても、それでも法規制の対象になるか否かを確実に判断することが難しい場合があります。特に最近では、次々と新たなビジネスアイデア・ビジネスモデルが考案され、また、IT技術や科学技術を駆使したビジネスが生まれており、判断が難しいケースが多くなっています。

　このような法規制のグレーゾーンを解消し、新規事業やイノベーションを積極的に推進するための制度として、「グレーゾーン解消制度」があります。グレーゾーン解消制度は、2014年施行の産業競争力強化法で創設された新しい制度です。

　これを利用すると、事業計画を策定後、事前に規制当局に対して法規制の適用の有無を確認できる上、仮に規制対象である場合には、どうすればその新規事業を実施することができるかといった点についてまで助言を得ることができます。

　グレーゾーン解消制度は非常に利用価値の高い制度であり、近年活用事例が増加しています。例えば、フィットネスクラブにおいて、生活習慣病の予防のための運動指導を行う事業について、医師法の規制の適用の有無について照会した結果、医師法に違反しないことが確認され、事業者が新たなビジネスを始めることができたという事例があります。

　そのほか、実際の活用事例については、経済産業省や厚生労働省などの規制当局がその所管する分野に応じてウェブサイトに掲載されていますので、参照してみてください。

4　新事業特例制度の利用可能性を探る

　グレーゾーン解消制度を利用した結果、規制対象であり、事業を行うことができないと判断された場合でも、「新事業特例制度」を利用できる可能性があります。これは、新規事業が規制されていて事業を行うことができない場合に、事業者が規制の特例措置を提案し、安全性の確保等を条件として、国がその規制の特例措置を認める制度です。

　この点、規制緩和のための法改正を待つのでは相当な時間がかかりますが、この制度はその事業者に限って規制を緩和する特例であり、法改正を待たずに速やかに事業を開始することができます。

この制度も、グレーゾーン解消制度と同様、新規事業やイノベーションを推進するための制度であり、規制されている事業が円滑に実施できるように規制当局から必要な指導や助言を受けることができ、グレーゾーン解消制度で解決しなかった場合には、ぜひ利用する価値があるといえます。活用事例として、例えば、道路交通法の規制の特例として、搭乗型移動支援ロボットの公道での実証実験が認められた事例があります。

　そのほかの活用事例については、グレーゾーン解消制度と同様、規制当局がその所管する分野に応じてウェブサイトに掲載されていますので、参照してみてください。

法務ワーク～Home Work～ ● 主な許認可一覧

　総務省の調査によると、国の許認可等の根拠となる法令（告示を含む。以下同じ）の条項等の数（以下「根拠条項等数」といいます）は15,475件とされています（2017年4月1日現在）。根拠条項等数は法令の規定の仕方等によって変動しますので、必ずしも規制の総数とは一致しませんが、それでも相当数の許認可が存在することがわかります。

　以下では、参考までに、埼玉県信用保証協会がウェブサイトで公開している主な許認可の一覧を紹介します。新規事業を開始する際には、必ず行政の窓口や弁護士などの専門家に相談するようにしましょう。

業種	種類	根拠法	有効期間	許認可権者
食料品製造業 食料品販売業 飲食店、喫茶店	許可	食品衛生法（52条）	5年をくだらない期間	都道府県知事
建設業	許可	建設業法（3条）	5年	国土交通大臣（地方整備局長）：2以上の都道府県区域 都道府県知事：1の都道府県区域のみ

業種	種類	根拠法	有効期間	許認可権者
		※次のいずれかに該当する場合は、許可は不要となります。 1．建築一式工事にあたって1件あたりの請負金額が1,500万円未満の工事または延床面積150m²未満の木造住宅工事を行うもの 2．建築一式工事以外の建築工事のうち1件あたりの請負金額が500万円未満の工事を行うもの		
一般旅客自動車運送事業 （乗合、乗用、貸切)	許可	道路運送法（4条)	一般貸切旅客自動車運送事業の許可については5年	国土交通大臣 （地方運輸局長)
特定旅客自動車運送事業		道路運送法（43条)	―	
一般貨物自動車運送事業		貨物自動車運送事業法（3条)		国土交通大臣 （地方運輸局長)
特定貨物自動車運送事業		貨物自動車運送事業法（35条)		
自家用有償旅客運送事業	登録	道路運送法（79条)	2年または5年（更新時2年、3年または5年)	国土交通省
旅館業	許可	旅館業法（3条)	―	都道府県知事
古物営業	許可	古物営業法（3条)	―	都道府県公安委員会
医薬品販売業	許可	医薬品、医療機器等の品質、有効性及び安全性の確保等に関する法律（24条)	6年	都道府県知事
薬局	許可	医薬品、医療機器等の品質、有効性及び安全性の確保等に関する法律（4条)	6年	都道府県知事
高度管理医療機器・特定保守管理医療機器販売業	許可	医薬品、医療機器等の品質、有効性及び安全性の確保等に関する法律（第39条)	6年	都道府県知事
高度管理医療機器・特定保守管理医療機器賃貸業	許可			

業種	種類	根拠法	有効期間	許認可権者
医薬品（体外診断用医薬品を除く。）・医薬部外品・化粧品製造業	許可	医薬品、医療機器等の品質、有効性及び安全性の確保等に関する法律（13条）	5年または6年	厚生労働大臣または都道府県知事
医薬品（体外診断用医薬品を除く。）・医薬部外品・化粧品製造販売業	許可	医薬品、医療機器等の品質、有効性及び安全性の確保等に関する法律（12条）		
医療機器・体外診断用医薬品製造業	登録	医薬品、医療機器等の品質、有効性及び安全性の確保等に関する法律（23条の2の3）	5年	厚生労働大臣
医療機器・体外診断用医薬品製造販売業	許可	医薬品、医療機器等の品質、有効性及び安全性の確保等に関する法律（23条の2）	5年	厚生労働大臣または都道府県知事
再生医療等製品製造業	許可	医薬品、医療機器等の品質、有効性及び安全性の確保等に関する法律（23条の22）	5年	厚生労働大臣
再生医療等製品製造販売業	許可	医薬品、医療機器等の品質、有効性及び安全性の確保等に関する法律（23条の20）	5年	厚生労働大臣または都道府県知事
再生医療等製品販売業	許可	医薬品、医療機器等の品質、有効性及び安全性の確保等に関する法律（40条の5）	6年	都道府県知事
医療機器修理業	許可	医薬品、医療機器等の品質、有効性及び安全性の確保等に関する法律（40条の2）	5年	厚生労働大臣または都道府県知事
一般廃棄物処理業	許可	廃棄物の処理及び清掃に関する法律（7条）	2年	市町村長
産業廃棄物処理業	許可	廃棄物の処理及び清掃に関する法律（14条）	5年	都道府県知事

業種	種類	根拠法	有効期間	許認可権者
特別管理産業廃棄物処理業	許可	廃棄物の処理及び清掃に関する法律（14条の4）	（更新時5年または7年）	都道府県知事
有料職業紹介事業	許可	職業安定法（30条）	3年（更新時5年）	厚生労働大臣
病院	許可	医療法（7条）	―	都道府県知事
診療所・助産所	許可または届出	医療法（7条、8条） 7条：医療法による登録を受けていない者・歯科医師でない者・助産師でない者が開業する時→許可 8条：医師・歯科医師・助産師が開業する時→届出	―	都道府県知事
宅地建物取引業	免許	宅地建物取引業法（3条）	5年	国土交通大臣（地方整備局長）：2以上の都道府県区域 都道府県知事：1の都道府県区域のみ
酒類製造業	免許	酒税法（7条）	―	税務署長
酒母・もろみ製造業	免許	酒税法（8条）	―	
酒類販売業	免許	酒税法（9条）	―	
第1種高圧ガス製造業	許可	高圧ガス保安法（5条）	―	都道府県知事
液化石油ガス販売業	登録	液化石油ガスの保安の確保及び取引の適正化に関する法律（3条）	―	経済産業大臣（経済産業局長）：2以上の都道府県区域 都道府県知事：1の都道府県区域のみ
労働者派遣事業	許可	労働者派遣事業の適正な運営の確保及び派遣労働者の保護等に関する法律（5条）	3年（更新時5年）	厚生労働大臣
家畜商	免許	家畜商法（3条）	―	都道府県知事
浄化槽清掃業	許可	浄化槽法（35条）	期限を付すことができる（概ね2年）	市町村長

業種	種類	根拠法	有効期間	許認可権者
興行場	許可	興行場法（2条）	―	都道府県知事
浴場業	許可	公衆浴場法（2条）	―	
測量業	登録	測量法（55条）	5年	国土交通大臣
砂利採取業	登録	砂利採取法（3条）	―	都道府県知事
採石業	登録	採石法（32条）	―	
建築士事務所	登録	建築士法（23条）	5年	
電気工事業	登録	電気工事業の業務の適正化に関する法律（3条）	5年	経済産業大臣（経済産業局長）：2以上の都道府県区域 都道府県知事：1の都道府県区域のみ
自動車特定整備事業	認証	道路運送車両法（78条）	―	地方運輸局長
揮発油販売業	登録	揮発油等の品質の確保等に関する法律（3条）	―	経済産業大臣（経済産業局長）
揮発油特定加工業	登録	揮発油等の品質の確保等に関する法律（12条の2）	―	
軽油特定加工業	登録	揮発油等の品質の確保等に関する法律（12条の9）	―	
住宅宿泊事業	届出	住宅宿泊事業法（3条）	―	都道府県知事

※事業所の所在が政令指定都市、中核市、特別区等の場合は、権限移譲により許認可権者が異なることがあります。

※本表以外にも法律、条例等により必要なものがあります。また、法律、条例等の制定、改廃があった場合等必要に応じ見直しが行われます。

2

会社運営の予防法務

　会社の運営は、人にたとえると「日常生活」にあたります。日常生活では様々なトラブルや紛争が生じる可能性がありますが、日々直面する問題だけにおろそかにはできません。日々の会社の経営に支障がないようにするため、予防法務の観点から、確認と検討をしておくべき点は多いといえます。

　本章では、会社運営に際して直面することが多い重要なトピックを取り上げて、予防法務の観点から解説します。

(1) 株主総会の不開催のリスク

Q

私は、会社の3分の2以上の株式を持っている株主であり、この会社の代表取締役です。株主総会を開いても、結局、私1人の意思で会社の重要事項を決定することになるので、株主総会は開催しなくても特に問題はないでしょうか。

A

株主総会は、法律上、1年に1回は開催する義務があり、必ず開催しなければなりません。100％の株式を保有する場合には具体的なリスクが顕在化する可能性は低いですが、そうでない場合には、経営権争いが生じた場合などに、深刻な問題を引き起こしかねません。そのようなリスクと、株主総会を開催する負担とを比較すれば、法令に従い開催するメリットが大きいはずです。株主総会は必ず開催するようにしてください。

解　説

1　株主総会の機能

　株主総会は、会社における重要事項を承認・決定するとともに、取締役・監査役などの役員を選任・解任し、これらが適切に業務を遂行しているかを監督する重要な機関です。そのため、法律上、毎年、事業年度終了後（決算後）一定の時期に株主総会を開催しなければならないとされています（会社法296条1項）。これは、毎年必ず開催されるため、定時株主総会といわれます。

　これ以外にも、会社は、必要があるときに随時株主総会を開催できると
されています（会社法296条2項）。こちらは、臨時に開催されるため、臨時
株主総会といわれます。

　なお、会社は、事業年度終了後2か月以内に法人税の申告をする義務が
あり、この際には株主総会で承認した計算書類に基づいて申告を行う必要
があります。そのため、定時株主総会では、計算書類の承認を行うことが
一般的です。
　この点、定款で事業年度終了の日から3か月以内に株主総会を開催する
ことを定めている会社については、申請によって申告期限を1か月延長す
ることが認められる特例があり、その適用を受ける場合には事業年度終了
後3か月以内に申告すれば足ります。
　そのため、多くの会社では、定款に基づいて、事業年度終了から3か月
後に（例えば、3月決算の会社であれば6月に）定時株主総会を開催する
ことがみられます。

2　株主総会の開催で生じ得るリスク

①　招集通知

　株主総会を開催する場合には、その有効性が争われないようにするため、
開催手続について注意が必要です。まず、株主総会の開催にあたっては、
原則として、株主総会の2週間前までに、全株主に書面で招集通知を発送
することが必要です（会社法299条1項）。一定の場合には書面によらず、口
頭で招集をすることが認められますが、適法な招集手続を行ったことは会
社が証明すべき事項ですので、書面で行うことが相当でしょう。

　なお、中小企業に多いと考えられる非公開会社（株式に譲渡制限が付さ
れている会社）では2週間前ではなく1週間前の通知でよく、取締役会を

置かない会社では1週間前よりも短い招集通知の発送を定款で定めることも可能です（会社法299条1項）。さらに、株主全員の同意があるときは、このような招集手続を省略することも可能です（会社法300条）。

招集手続が適法に行われていない場合は、その手続違反の程度に応じて、株主総会決議の取消事由や無効事由となり得ます。取消しや無効となった場合、せっかく開催した株主総会が無意味になってしまいます。適法な招集手続を行うようにしましょう。

② 開催方法

株主総会は株主・役員が一堂に会して開催することが原則です。ただし、全員の物理的な出席が困難である場合（例えば、新型コロナウイルス感染症が拡大しているような状況）においては、Web会議システムを利用して一部の参加者がオンラインで参加することも認められます。

なお、その場合でも、株主総会自体は議長が出席したリアルの現場で開催することが求められますので、株主と役員の全員がオンラインで出席するということまでは認められません。

③ 議事録の作成

株主総会を開催した場合には、その都度、議事録を作成して保管しておく必要があります（会社法318条1項）。

なお、Web会議システムを利用して株主総会を開催した場合には、株主総会議事録における「株主総会の場所」として、「代表取締役〇〇〇〇は、本日の株主総会は、Web会議システムを利用して行う旨を述べ、出席者が一堂に会するのと同等に適時・的確な意見表明が互いにできる状態となっていることを確認した。別紙1記載の株主は同システムによって本株主総会に出席した。」といった記載をしておけばよいでしょう。

3　株主総会の不開催とペナルティ

　前述のとおり、定時株主総会は、事業年度終了後一定期間内に必ず開催しなければならず、開催しない場合には、それ自体が会社法違反となります。

　そして、違反時には、100万円以下の過料に処されるとされています（会社法976条18号）。また、株主総会を開催しなかった取締役については、法令違反を犯したものとして、解任や職務執行の差止めを求められる可能性もあります。

4　株主総会の不開催で生じるリスク

　株主総会では、主に、
① 取締役・監査役などの役員の選任・解任に関する事項
② 会社の基礎的な変更に関する事項（例：定款変更、合併・会社分割、解散など）
③ 計算書類に関する事項（例：計算書類の承認など）
④ 株主の重要な利益に関する事項（例：株式併合、剰余金配当など）
⑤ 取締役会に委ねたのでは株主の利益が害されるおそれが高いと考えられる事項（例：役員の報酬の決定など）
が、決議事項とされています。

　これらの事項は取締役（会）に決定を委ねることはできず、必ず株主総会で決議しなければなりません。そこで、これらを決議するには、株主総会の開催が不可欠となります。

　したがって、株主総会を開催しない場合には、必然的に、これらの事項について決議が行われていないという事態になり、以下に述べるような大きなリスクが生じることになります。

① 取締役選任決議の不存在に関するリスク

　取締役については、その任期が法律（定款に定めた場合は定款）で定められており、任期満了までに再任決議や新たな取締役を選任する決議を行い、登記申請を行う必要があります。これを怠ったときは、過料の制裁を受けるリスクがあります（会社法976条1号及び22号）。

　実際、登記を怠った場合には、2～3万円程度の過料がなされているケースが多いですので、ご注意ください。

　また、取締役の任期満了時に、株主総会で取締役を選任しなかった場合には、適法な選任手続を経ていない取締役による業務執行が行われたとして、これまでにその取締役が行ってきた業務執行行為が覆されてしまうリスクもあります。

② 報酬決議の不存在に関するリスク

　取締役が会社から報酬を得る場合、報酬額につき定款の定めがないときは、株主総会の決議によって定める必要があります（会社法361条1項、309条1項）。この決議が不存在であれば、今まで取締役が得た報酬について、遡って法律上の原因のないものとして、会社に対する返還義務を負うリスクがあります。

　ガバナンスの観点からは、取締役の報酬はその都度決定することが望ましいですが、株主間で特に異議がなければ、株主総会で報酬の限度額を決議して、詳細な決定を取締役会に一任することが考えられます。

　この点、一度報酬の限度額を決議しておけば、その後事業年度が終了し、役員が交替した場合でも、報酬決議をやり直す必要はなく、当該限度額を増額または減額するときに改めて決議すれば足りるとする裁判例があります（大阪地判昭和2年9月26日・法律新聞2762号6頁）。

5　予防法務の観点から（特に株式相続に伴う経営方針をめぐる争いに向けて）

　株主が1名である場合には、任期満了に伴う役員登記を失念しなければ、違法な状態ではあっても、株主総会の不開催に伴うリスクが顕在化する危険性はそれほど高くないといえます。2名以上の株主がいる場合でも、株主間の関係性が良好で、会社経営が順調な場合には問題が顕在化することは少ないとえいます。

　しかしながら、株式について相続が発生して、会社の経営方針をめぐって争いが生じた場合には、対立する株主から会社法違反による解任請求がなされたり、株主総会決議の取消しまたは無効・不存在の訴えが提起されたり、過去の報酬の返還が求められたりするなどのリスクがあります。

　この点、株主総会決議の無効または不存在の訴えについては、提訴期間は設けられておらず、いつでも提起することができますので、長期にわたって紛争リスクを抱えることになります。

　そこで、株主総会を開催しない場合のリスクと、開催する場合の負担を比較すれば、開催することのメリットが大きいことは明らかですので、会社では、毎年必ず株主総会を開催し、その際には必ず議事録も作成して、株主総会開催の事実をきちんと証拠化するようにしておきましょう。

(2) 取締役会の不開催のリスク

Q

私は、取締役会を置くことにしている会社の代表取締役です。取締役が私を含めて3名いるのですが、正式な取締役会を開催しない場合、どのような問題があるでしょうか。

A 取締役会は開催しないと将来的な紛争のリスクがあります。必ず開催するようにしましょう。また、取締役会を単に形式的に開催するだけではなく、実質的に機能させることで、会社のガバナンス強化につながり、ひいては会社の不祥事を未然に防止できるというメリットもあります。

解　説

1　取締役会の機能

　取締役会は、取締役全員で構成され、会社の業務執行の決定、各取締役の職務執行の監督、代表取締役の選任・解任など、会社の経営を担う機関です（会社法362条1項及び2項）。

　取締役会を置くことにしている会社では、会社における重要な業務執行はすべて取締役会において決定しなければならず、特に、

① 重要な財産の処分および譲受け

② 多額の借財

③ 支配人その他の重要な使用人の選任および解任

④ 支店その他の重要な組織の設置、変更および廃止

⑤ 社債の募集に関する重要事項

⑥ 取締役の職務執行が法令・定款に適合することを確保するための体制の整備

⑦ 役員等の会社に対する責任の免除

については、取締役会の専決事項とされています（会社法362条4項）。そのため、これらの事項を株主総会や代表取締役に一任することはできません。

2 取締役会の開催のルール

① 開催頻度

　会社法では、取締役会の開催頻度は明記されていませんが、代表取締役が3か月に1回以上の頻度で職務執行の状況について取締役会に報告する義務が定められています（会社法363条2項）。そこで、必然的に同じ頻度で取締役会を開催することが要請されていると考えられます。

　また、ガバナンス強化の観点からは、それ以上の頻度で（例えば、毎月1回）開催することを検討してもよいでしょう。

② 開催方法

　取締役会での議論を活発にするためには、取締役全員が一堂に会することが望ましいですが、取締役が出張等で遠方に所在している場合その他開催場所に物理的な出席が難しい場合（新型コロナウイルス感染症の感染が拡大しているような状況で全員の出席が難しい場合も含みます）には、取締役会を電話会議やWeb会議で開催することも可能とされています（平成8年4月19日付「規制緩和等に関する意見・要望のうち、現行制度・運用を維持するものの理由等の公表について」法務省民事局参事官室参照）。

　なお、この場合は、議事録において各取締役の出席方法を明記するようにしておきましょう。

③ 議事録の作成

取締役会を開催した場合には、取締役会議事録を作成して保管しておく必要があります（会社法369条3項）。ある議題について、議事録に反対意見を述べたことが記載されていない場合、全取締役が賛成したものとして取り扱われます。そこで、反対意見を述べた取締役がいる場合には、必ずその旨を明記しておきましょう。

3　取締役会の不開催で生じるリスク

重要な業務執行、重要な財産の処分および譲受け、多額の借財など、取締役会で決議すべき事項について、取締役会決議を経ずに代表取締役の独断で行った場合、代表取締役の行為は会社法違反になりますので、解任請求等をされる可能性があります。

ただし、取締役会決議を経ずに行われた取引の効力については、取引の相手方を保護するため、取締役会決議を経ていないことを相手方が知り、または知り得た場合に限って無効とされます（最判昭和40年9月22日・民集19巻6号1656頁）。また、一人会社の株主の同意がある場合には、取締役会で決議すべき事項を決議を経ずに独断で代表取締役が行った行為は有効であるとされます（最判平成5年3月30日・民集47巻4号3439頁）。

このことから、取締役会が開催されなかったことをもって、直ちに致命的なリスクが生じることはないかもしれません。しかしながら、現実のビジネスの場面でそのような取引が行われてしまった場合には、その取引の効力につき不安定な状況を招き、契約の当事者や関係者との間で紛争に発展する可能性があります。

また、経営権争いが生じた場合などには、他の取締役や株主から、取締役会決議を経ない取引により会社が損害を被ったとして、独断で行為をした代表取締役が会社に対して損害賠償責任を負うリスクもあります（会社法423条1項）。

4 予防法務の観点からも開催すべき取締役会

　取締役会を開催し、会社の重要な問題について取締役全員で議論し、会社の意思決定をするというのは、単に会社法上のルールを遵守するというだけでなく、各取締役の知恵や経験を出し合ってよりよい会社運営をするという意義があります。

　これにより、会社のガバナンスは強化され、不祥事を未然に防止することにもつながる大きなメリットがあります。そこで、取締役会を設置すると決めた以上は、重要な事項の決定にあたっては、必ず取締役会を開催するようにしましょう。

⑶　資金調達の方法とその留意点

Q

事業を始めることになったのですが、どのように資金を集めるか悩んでいます。資金を集める方法とその注意点について教えてください。

A 資金調達には様々な方法がありますので、各方法に応じた法規制に留意しつつ、資金調達目的に即した方法を選択することが重要です。

解　説

　事業資金を集めるための方法としては、一般に銀行などの金融機関からの借入れが多く行われますが、その他にも、社債、株式（新株発行）、匿名組合出資、あるいは最近ではクラウドファンディング（→43頁 法務ワーク〜Home Work〜 参照）など、様々な資金調達の方法があります。以下では、それぞれの方法の注意すべきポイントについて説明します。

1　借入れ・社債

　会社は金融機関などから借入れをすることができるほか、社債を発行することで資金調達をすることができます。いずれも会社の負債ですので、元本に対する利払いの負担が生じるほか、期限には元本を返済する必要があります。そこで、利払いも踏まえた返済計画・事業計画の策定が重要になります。

　会社が借入れをする際に特段の法規制はありませんが、社債を発行する際にはいくつか留意点があります。社債には、不特定多数の者に広く資金

提供を募集する「公募債」と特定少数の者に限って募集する「私募債」があります。

　公募債を発行する場合、金商法の開示規制や社債管理者設置義務などの法規制が課せられます。そこで、中小企業では、そのような規制がなく、償還期限や利率などの条件を自由に設定できる少人数私募債が利用されることが多いです。

　このように、社債については会社の側で柔軟に返済条件を定めることができるというメリットがありますが、償還期限には一括返済する必要があり、借入れと異なってその後の事情変更によって柔軟に返済スケジュールを見直す（いわゆるリスケジュール）といったことも難しくなりますので、償還に向けた確実な返済計画・事業計画の策定が不可欠といえます。

2　株式（新株発行）

　株式会社では、新規に株式を発行して資金を募ることも可能です。受け入れた資金は会社の負債ではなく資本として取り扱われますので、新株発行による資金調達の場合、通常、会社は元本の返済義務を負わないことになります。また、利払いの負担も生じません。しかし、これらの代わり、利益が出た場合には持株比率に応じた配当の支払が求められます。

　さらに、株主は、配当を受ける権利のほか、株主総会に参加して、役員の選任や決算書の承認等の会社経営に関与する権利も与えられることになります。

　そこで、会社として、新たな株主に会社経営に関与してほしくない場合には、議決権のない株式（議決権制限株式）を発行することになります。なお、議決権制限株式は、会社経営に関与できない代わりに他の株式よりも優先的または高額の配当を受けられる株式（優先株式）や一定の期限に償還が認められる株式（償還株式）にされることが一般的です。これらを種類株式といいますが、その発行には定款の定めが必要となります。

① 新株主と共同経営する場合は、新株発行前に「株主間契約」を締結すべき

種類株式の活用をしない場合には、新株発行によって新たな株主を入れることになり、新株主が会社経営に参加することになります。そこで、新株主の持株比率にもよりますが、会社経営に関する意見対立が生じた場合に備えて、事前に株主間契約を締結しておくことが重要です。

例えば、意見が一致しない場合の意思決定のルール（ある事業ごとに最終決定・責任者を決めておくことなど）や、会社を退社するときの取扱い（どちらにいくらで株式を譲渡するかなど）を決めておくと、最悪の事態を回避することができます。また、一方が過半数または3分の2以上の株式を保有しておけば、意思決定ができない事態は避けることができ、トラブルの予防につながります。

② 新株予約権の活用と留意点

将来性が高いベンチャー企業などについては、現在の企業価値で融資を依頼することには限界がある場合があります。そのような場合、金融機関などに対して新株予約権を発行して、通常より有利な条件での資金調達ができる可能性があります。

新株予約権とは、行使すると、あらかじめ定めておいた金額を払い込めば、株主になることができる権利です。仮に会社が成長して株価が上がれば、有利な価格でこの権利を行使して株主になることができます。

なお、この新株予約権は、ストックオプションとして従業員や役員に付与することで、会社が成長することのモチベーションを高める効果もあります。また、上場会社では、友好的な株主に付与しておき、敵対的買収がなされた際に権利を行使してもらって、持株割合を守るために利用すること（ポイズンピル）もあります。

3　匿名組合出資

　匿名組合出資は、借入れ・社債と株式の中間的な資金調達方法です。匿名組合出資は、借入れや社債とは異なり、利益が出ない場合には分配する必要がなく、元本の返済義務もない（元本が減少しても残元本の範囲で返済すればよい）とされています。

　また、匿名組合出資は利益が出た場合にはあらかじめ契約で定めた条件に従って分配が必要であり、契約終了時には増減した残元本が返済されるので、経済的な実質は株式に近いといえますが、あくまでも契約関係であり、出資者には会社経営の権利がないことなど、法的には株式と異なる性質を有しています。

　なお、実際の裁判では、資金の提供が貸付け（元本の返済義務あり）の趣旨であったか出資（元本の返済義務なし）の趣旨であったかをめぐって争われることも多いです。したがって、そのような紛争が生じないようにするため、きちんと契約書で資金の提供の法的性質を明確に定めておくことが重要であるといえます。

法務ワーク〜Home Work〜　●　**クラウドファンディングの留意点**

　クラウドファンディングは、新規・成長企業と投資家をインターネットサイト上で結びつけ、多数の投資家から少額ずつ資金を集める仕組みです。

　インターネットを活用することで不特定多数に訴求することができるので、従来の資金調達方法では資金を集めることが難しい場合であってもプロジェクト自体に魅力があれば資金調達が成功する可能性が高くなるところに意義があるといえます。

　クラウドファンディングを開始するための有名なプラットホームとしては、Japan Giving、makuake（著名な例として、アニメ映画『この世界の片隅に』で利用されました）、Campfire、Ready for（著名な例として、西野亮

廣さんの『えんとつ町のプペル』で利用されました）、**セキュリテ**などがあります。

　なお、クラウドファンディングについては、地方自治体などで、スタートアップ等での積極的な活用を促す助成金制度もありますので、利用する際はぜひ活用をご検討ください。

1　クラウドファンディングの類型

　クラウドファンディングには、資金を提供した人に対するリターンの形態により、主に①寄付型、②購入型、③投資型の3つの種類があります。

　①寄付型は、文字どおり寄付を募るものです。そのため、環境保全、復興支援、地域振興等の公益的な目的で行われることが一般的です。また、寄付型とはいっても、一定のお礼品が渡される場合もあります。

　②購入型は、資金提供者に製品やサービスを提供するものです。通常のインターネット販売とは異なり、利益の獲得を目的とするよりも、新規事業や新規開発のための資金調達のほか、より良い製品開発や、広告宣伝効果を目的とすることが一般的です。

　例えば、スマホ向けアプリの開発で、資金提供と引き換えに開発過程への参加や完成したアプリ提供を行うこと、地場産品製造プロジェクトへの資金提供と引き換えに地場産品の試作品を無償提供する場合などがあります。資金の返済義務がなく、最も多く利用されている形態であるといえます。

　③投資型は、貸付けの形態、元本保証のない出資を募る形態（ファンド型）、資金提供者に株式や新株予約権を発行する形態（株式型）などがあります。

　投資型は、各形態に応じて、金商法、貸金業法、不動産特定共同事業法といった各種の法規制があるため、投資型の実施にあたっては、これらの法規制を慎重に検討する必要があります。そのため、実際に行われているクラウドファンディングは、寄付型や購入型が多いというのが実情であるといえます。

2　クラウドファンディングの法規制と留意点

(1)　プロジェクト内容から生じるリスクの予防

　クラウドファンディングを利用する場合には、その目的が、資金調達なのか、広告宣伝なのかなど、目的を明確にすることが重要です。この目的により、利用すべきプラットホームやプロジェクトの概要が決まります。

　そのうえで注意すべきは、一度プロジェクトを公開すると、募集期間中はもちろん、募集期間終了後も、目標金額の達成・未達成にかかわらず、原則としてWeb上から削除されない点です。そのため、プロジェクトの内容や結果によっては、ネット上で批判を受けて信用にかかわるリスクもありますので、プロジェクト内容は慎重に選定する必要があります。

(2)　類型ごとの注意点

①　寄付型の法規制

　寄付型には特段の法規制はありませんが、税務面ではいくつか留意が必要です。法人が資金提供を受けた場合、その資金は法人税の課税対象となり、個人の場合は提供を受けた資金が所得税（一定の場合には贈与税）の課税対象となります。また、寄付型でお礼品を交付する場合、お礼品が過剰になると、寄付ではなく売買とみなされる可能性があることに、注意が必要です。

②　購入型の法規制

　購入型では、資金提供のリターンとして、一定のサービスまたは商品を提供することから、売買等と同様の取引とみられます。そこで、サービスや商品が契約と相違していた場合には、民法上の責任（これを契約不適合責任といいます）が生じる可能性があります。仮に、「契約不適合責任については責任を負わない」と契約で定めても、資金提供者が一般消費者である場合は、消費者契約法上無効とされるリスクがあります。

　また、インターネット販売同様、特定商取引法の規制や景品表示法の規制も遵守する必要があります。

　さらに、購入型の税務上の留意点として、資金提供とリターンのバランスがとれていない場合には、実質的な贈与とみられる可能性もありますので、注意

が必要です。

③　投資型の法規制

投資型のクラウドファンディングは、2015年の金融商品取引法改正により参入要件が緩和され、新たな投資手法として注目を浴びています。

もっとも、投資型については、金商法、貸金業法、不動産特定共同事業法といった各種の法規制の遵守が必要であるほか、過去には投資勧誘において詐欺的行為が行われた例もあったことから、クラウドファンディング事業者（プラットホーム運営者）に、適切な情報提供やベンチャー企業の事業内容のチェックを義務づけ、非上場株式等の勧誘方法は、電話や訪問等を禁止し、ウェブサイトと電子メール等に限定するなど、資金提供者保護のための各種規制がなされています。

投資型のクラウドファンディングを行う際は、このことに注意が必要となります。

(4) 取締役の報酬を決める際の法務・税務リスク

Q

取締役の報酬を決定するにあたって、どのような点に留意する必要が
ありますか。

A 取締役の報酬を決定する際には、会社法上の手続として株主総
会決議を経る必要があることに留意しましょう。これは退職慰
労金を支給する場合も同様です。また、報酬の支給方法によっては法
人税の税額を算出する際に損金算入が認められないなど、不利な取扱
いがなされる可能性がありますので、税務上の観点からも留意が必要
です。

解 説

1 取締役の報酬をめぐる法律上の留意点

① 取締役報酬の決定

　取締役が会社から受ける報酬（職務の対価として受給する財産上の利
益）については、①毎月定額の月額報酬、②臨時に支払われる賞与、③金
銭以外の現物報酬（ストックオプションなど）などが考えられますが、会
社法上、これらはいずれも株主総会決議によって定める必要があるとされ
ています（会社法361条）。
　これは、取締役の報酬の決定を取締役に任せると、自分たちの報酬を自
分たちで決めることになり、どうしても高額になってしまうという弊害

（いわゆる「お手盛り」の問題）があるためです。

　取締役の報酬の具体的な定め方は、報酬の形態によって異なりますが、金額が確定しているものについてはその金額を、金額が確定していないものについてはその具体的な算定方法を、金銭以外のものについてはその具体的な内容を、それぞれ株主総会決議で定めるが必要があります。ただし、取締役報酬の総額を決議することで足り、個々の取締役の具体的な報酬金額の決議までは必要ないとされています。

　一般的な中小企業では、①毎月定額の月額報酬が定められることが多く、会社によってはこれに加えて、②臨時に支払われる賞与が定められることもあります。その算定方法については、従業員に支払われる賞与と同様に、一定の時期（例えば、6月・12月）に一定の金額を支払うといった定めをするほか、会社業績を示す一定の指標に金額を連動させる業績連動型報酬の定めをすることが考えられます。

②　違法な報酬の支払

　会社の株主が1人である場合には役員の報酬について問題になることは少ないといえますが、他にも株主がいる場合、適切に株主総会決議での決定を経ずに役員報酬を支払うとすれば後で問題となる可能性があります。

　すなわち、実務においては、株主総会決議なくして役員報酬が支払われるケースが散見されますが、この場合は報酬の支払が違法となり株主から報酬の返還が請求されると、この報酬は会社に返還する義務があるとされます（最判平成17年2月15日・判時1890号143頁）。

　そこで、紛争予防の点からは、取締役の報酬は株主総会決議で定めるようにし、仮に過去に違法な報酬の支払がある場合には、事後的にでもよいので（事後的な株主総会決議であっても、違法な報酬の支払が適法になるものとされています）、株主総会決議をしておくべきでしょう。

③ 報酬の減額

そのほかの問題として、一度決定した取締役の報酬を後になって減額したいというケースがあります。例えば、会社全体の業績が悪化した場合や、特定の取締役が担当する事業の業績が不振で責任をとらせたい場合、特定の取締役の職務内容が大きく変更された場合など、報酬の減額が必要となる様々なケースが考えられます。

そのような場合でも、取締役の任期中に一方的に報酬を減額することはできないとされています（最判平成4年12月28日・判時1459号153頁）。これは臨時に株主総会を招集して決議をしたとしても同じです。いったん適法な手続で取締役の報酬が具体的に決定されると、その報酬額は会社と取締役との間の契約として法的な効力が生じるためです。

ただし、本人の同意がある場合には減額も可能です。予防法務としては、会社から一方的に減額するのではなく、よく話し合った上で本人に同意してもらうことが大切です。

なお、株主総会決議によって取締役を任期中に解任することは可能です（会社法339条1項）。解任のための特別な理由も不要です。ただし、解任に正当な理由がない場合、解任された取締役は会社に対して損害賠償請求をすることができるとされています（会社法339条2項）。

これは任期満了までの役員報酬は取締役の損害と認められますので、報酬の減額に代えて解任するということは意味がないことになります。したがって、どうしても報酬を減額したい場合には、再任時に報酬の減額交渉をするということが現実的な解決策として考えられます。

④ 退職慰労金

取締役の退任時に会社から退職慰労金が支給されることがあります。退職慰労金は、一般に、在職時の職務執行に対する対価としての性質を持つものと考えられていますので、取締役の報酬を決定する際と同様に、株主

総会決議を経る必要があります。

　実務上は、役員退職慰労金規程を定めておき、その基準に従った支給を取締役会に一任する旨の株主総会決議を経るケースが多いといえます。

　なお、退職慰労金を支給するとの株主総会決議がない場合、原則として、退任した取締役は会社に対して退職慰労金を請求することはできません。これに関して、実務上もっともよく見られるのが、中小企業においてオーナー取締役と仲違いする形で退任した取締役に退職慰労金が支払われないという問題です。

　この場合、例外的に、退任取締役を救済するために、退任した取締役に退職慰労金を支給するという総株主の同意があったと認定する裁判例（大阪地判昭和46年3月29日・判時645号102頁）、退任取締役が従業員としての地位も有していたと認定する裁判例（最判昭和56年5月11日・集民133号1頁）、退職慰労金を支給しないとする株主総会決議が公序良俗に反するとした裁判例（東京地裁平成9年8月26日・判タ968号239頁）などがあります。

　予防法務としては、あまり強引な不支給決議をするのではなく、事前に専門家によく相談したうえで対処されることをお勧めします。

2　取締役の報酬をめぐる税務上の留意点

①　損金算入制限ルール

　取締役や監査役など、会社の役員に支払われる報酬（役員報酬）については、法人税における損金算入制限ルールに注意する必要があります。なお、ここでいう「役員」には、会社法上の役員のみならず、実質的に経営に従事する同族関係者なども含まれます。

　事実上の役員として待遇される執行役員などは使用人として取り扱われますので、役員には含まれません。また、会社の役員が使用人としての職

務を兼任することは一般に禁止されておらず、実際にこれらを兼務する者（これを「使用人兼務役員」といいます）も珍しくありませんが、使用人兼務役員に支給される給与については、役員報酬の部分と使用人給与の部分に分けられ、使用人給与の部分には損金算入制限ルールの適用はないものとされています。

ただし、使用人兼務役員であっても、専務や常務などの役付きの役員や同族関係者についてはこのような取扱いは認められず、支給額がすべて役員報酬として取り扱われることになります（損金算入制限ルールの適用があるということです）。

損金算入制限ルールは、役員報酬の恣意的な支給（典型的には決算前の賞与の支給）によって利益の操作がなされることを防止し、適正な所得に対する法人税の課税を確保するため、損金算入が認められる範囲を制限するものです。

具体的には、以下のいずれにも該当しない役員報酬については、法人税の計算にあたって損金算入が認められないものとされています（法人税法34条1項）。

　ⅰ）毎月の支給額が一定している月額報酬（定期同額給与）
　ⅱ）支給額が事前に決定されている報酬（事前確定届出給与）
　ⅲ）一定の客観的な指標に基づいて支給額が決定される報酬（利益連動給与）

したがって、支給額が事前に決定されていない臨時の賞与や客観的な指標に基づかない恣意的な業績連動型報酬などは損金算入が認められないことになります。このようなことから、一般に会社では、役員報酬としては、定期同額給与のみを支給することが多いといえます。

さらに、定期同額給与、事前確定届出給与、利益連動給与に該当する場合であっても、その金額によっては、不相当に高額な過大報酬として損金

算入が認められない可能性があります（法人税法34条2項）。

　なお、役員報酬が過大であるかどうかは、役員の職務の内容、会社の収益の状況、他の役員や従業員に対する給与の支給状況等に照らして、その役員の職務に対する対価として相当であるかどうかによって判断されます。

　この点については、一般的な企業との比較において、通常の範囲の役員報酬額であれば過大とみられることはないと考えられます。

②　役員報酬の改定

　役員に対して毎月定額の月額報酬が支払われる場合、事業年度の途中で支給額を改定するとすれば、法人税法上の「定期同額給与」に該当せず、損金算入が認められないことになります。もっとも、様々な事情によって支給額を改定する必要があることも当然あります。そこで、一定の場合には、法人税法上も、事業年度の途中に支給額を増減額することが認められています。

　まず、事業年度開始の日から3か月以内の通常改定です。事業年度の途中になされる改定であっても、これが事業年度開始の日から3か月以内であれば、定時株主総会の開催時期や役員の任期などの関係から、ごく一般的な改定時期になされるものであり、特段、恣意性はありません。そこで、3か月内改定については、通常改定として、支給額を増減額することが認められます。

　次に、役員の職務変更などのやむを得ない事情がある場合には、3か月経過後の臨時改定も認められます。これは、事業年度の途中の昇格・降格、組織再編による職務変更、海外転勤、不祥事による減給処分など、通常改定の際に反映させることが困難な報酬改定を必要とする事情が事後的に生じた場合、その時点における臨時改定はやむを得ないものであり、利益調整等の恣意性がないことから、3か月経過後の改定が認められます。

　さらに、会社の経営の状況が著しく悪化した場合にも、臨時の報酬改定が認められています。これは、通常改定の際には予測できなかった著しい業績悪化が会社に生じた場合には、様々な事情から役員報酬を減額せざるを得ない場合があり、そのような場合には、利益調整等の恣意性がないことから、事業年度開始の日から3か月経過後の給与改定が認められます。

③　認定賞与の問題

　法人税の実務において、税務調査において「認定賞与」として課税がなされることがあります。これは、役員に対して供与された経済的利益について、役員報酬として処理がなされていない場合に、その経済的利益を役員に対する賞与と認定して課税するものです。

　例えば、本来役員個人が負担すべきものを会社が負担している場合、会社と役員との間で無償または役員に有利な対価で取引がなされた場合、役員が会社の資金を個人的に流用している場合など、会社から役員に経済的利益が提供されたと認められる場合には、認定賞与として取り扱われることになります。

　また、特に同族経営の会社では、役員たる経営者が自己の親族に経済的な便宜を図るために、会社を通じて自己の親族に経済的利益を享受させるなど、役員の親族に対して利益の供与がなされることも珍しくありませんが、この場合、形式的には会社からその親族に利益供与がなされますが、実質的にはその役員が利益供与を受けたとみられ、認定賞与として取り扱われる可能性があります。

　税務調査において認定賞与として取り扱われた場合、法人税の損金算入が認められないのみならず、役員に対する給与所得として源泉徴収が必要となりますので、会社にとって多額の追徴課税が生じることになります。そのような取扱いがなされないようにするためには、そもそも役員に対する個人的な利益の供与がないように留意するほか、仮にそのような利益の

供与がみられる場合には、借用書を作成するなどして適正に会社に返済をしていくことが必要であると考えられます。

④ 退職慰労金の取扱い

　役員が退任する際に支給される退職慰労金は、退職に伴って支払われる臨時の報酬ですが、長年の勤務に対する報償的な性質を有する退職所得として一般の給与所得よりも所得税の面で優遇され、法人税法上も基本的に損金算入が認められます。

　この点、退職に起因する報酬という実質を有するものであれば、その形式や名目にかかわらず、退職所得に該当するものとされています。例えば、役員の死亡による退職に伴い、遺族に対する弔慰金ないし見舞金の名目で金銭が支給される場合であっても、その金額が遺族に対する弔意の趣旨を超えているような場合には、その支給は死亡した役員の過去の労務提供に対する対価とみられ、退職所得に該当するとされています（大阪地判昭和44年3月27日・訟月15巻6号721頁、高松地判平成5年6月29日・判時1493号65頁）。

　このように、退職所得は、退職に起因する報酬という実質を有するものですので、原則として、その支給を受ける者が現実に退職することが必要です。

　もっとも、現実に退職しない場合であっても、分掌変更によって役員としての地位または職務の内容が大きく変更される場合（典型的には代表者を退く場合や常勤役員から非常勤役員になる場合）には、実質的に退職と同視できる事情があると認められますので、そのような事情に基づいて支給されるとすれば、それは退職に起因する報酬と同様の性質を有するといえますので、退職所得に該当するものと認められています（東京地判平成20年6月27日・判タ1292号161頁）。

(5) 法務リスクの観点から押さえておきたい 法人税の基本ルール

Q

法人で事業を行う場合、法人税についてきちんと理解しておく必要があると聞きました。気をつけておくべき点について教えてください。

A

法人税については、まずは基本ルールを押さえることが必要です。そのうえで、特別のルールとして、損金算入を制限する（費用計上を認めない）ための各種のルールが定められていますので、その適用関係について留意が必要です。

解 説

1 法人税の基本ルール

法人税は、１年間の事業年度において法人が得た収入（これを「益金」といいます）から支出（これを「損金」といいます）を控除した収支の差額、すなわち利益（所得）に対して課税されます（法人税法22条１項）。法人税は国税ですが、これに法人住民税などの地方税を加えると、法人の所得に対しては、約30％の税率が適用されることになります。

この点、法人の所得を計算するにあたっては、一般に公正妥当と認められる会計処理の基準に従って計算することが必要とされています（法人税法22条４項）。

そこで、基本的には、会社において適正な経理処理をしたうえで算出される利益が法人の所得として法人税の課税ベースになります。

もっとも、ここで重要となるのが個人と法人における「支出」の違いです。すなわち、個人の場合には、収入を得るための支出と単に消費するための支出がありますので、税額を計算するうえでは、それらを区別することが重要になります。

　これに対して、消費のための支出を観念できない法人については、基本的にはすべての支出が収入を得るための支出として損金算入（費用計上）が認められるのが原則です。

　ところが、法人の支出を費用として計上することを無制限に認めるとすれば、会社の関係者である役員や従業員が私的に消費するために法人名義で支出する、あるいは利益調整のために支出するといった場合に、法人税の税負担が不当に軽減されてしまうおそれがあります。

　そこで、課税上の弊害があると考えられる一定の支出については、法人税法上で損金算入が制限されており、これについて費用計上が認められないことになります。

　そのような支出として、典型的には、①役員報酬、②寄付金、③交際費が問題になることが多いといえます。これらのうち、役員報酬については本書でここまでに別途取り上げて説明してきましたので（→②(4)47頁参照）、以下では、寄付金と交際費の問題について取り上げます。

2　寄付金

　法人が行う取引は、すべてが対価性のあるもの（典型的には売買、有償での貸借・役務提供など）とは限らず、対価性のないもの（典型的には贈与、無償での貸借・役務提供など）も含まれます。そして、対価性のない取引（これには相場よりも低い対価で行われる取引が含まれます）については、これが法人の収入に直接または間接に貢献する場合とそうでない場合があり、その境界は必ずしも明確ではありません。

　そこで、対価性のない取引のための支出については、これを無制限に認めると課税上の弊害があると考えられるので、それが収入に貢献するものであることが明らかな場合（すなわち、経済的な観点から合理的な理由がある場合）を除き、法人税法上、「寄付金」として損金算入が制限されています（これを「寄付金課税」といいます。法人税法37条１項）。

　ところで、会社の実務では、一見すると会社が対価性のない取引をしていることがよくあり、税務調査においては、そのような取引から生じる支出が「寄付金」に該当すると指摘されるケースが非常に多くなっています。この寄付金課税の問題は税務調査における頻出論点であるといえますので、将来、追徴課税を受けることのないように備えておくことが必要です。
　具体的には、一見すると対価性のない取引がある場合、寄付金課税をされないためにはそのような取引をすることについて、経済的な観点から合理的な理由があること（経済合理性があること）を十分に説明できるようにしておくことが重要であるといえます。

① 貸倒損失の計上が寄付金に該当しないケース① 債務整理

　事業を行う場合、売掛金や貸付金などの債権が回収できないといった事態に陥ることは（残念ながら）しばしば発生する問題です。このような不良債権を処理するにあたって、貸倒損失として処理することが考えられますが、これが対価性のない取引として寄付金に該当するとすれば、債権回収ができないばかりか法人税法上で損金算入まで制限され、まさに「踏んだり蹴ったり」の結果となります。そこで、貸倒損失の計上が寄付金に該当しないようにすることは非常に重要です。
　この点、不良債権の貸倒損失への計上が損金算入と認められる（寄付金に該当しない）場合として、①債務整理、②回収不能、③取引停止のケースに分けて検討したいと思います。
　まずは、債務整理のケースです。債務者について破産、民事再生その他

の債務整理手続（法的な手続に限らず、これに準じてなされ、合理的な内容を有する任意の手続を含みます）がなされ、当該手続において債権の一部または全部の回収ができないことが確定した場合、その時点において回収不能額について債権放棄したうえで損失処理することが認められます（法人税基本通達9－6－1）。

　もっとも、これらの債務整理手続には費用がかかるため、必ずしも債務者において手続がなされるとは限らないという問題があります。そこで、任意に債権放棄するということも考えられますが、寄付金に当たらないといえるためには、結局②で述べる回収不能のケースに該当する必要があると解されます。

②　貸倒損失の計上が寄付金に該当しないケース②　回収不能

　債権の回収が困難となって不良債権化した場合、債務者の資産状況、支払能力等からみて債権の全額の回収不能が明らかになった時点で損金経理をして貸倒損失の計上が認められるものとされています（法人税基本通達9－6－2）。損金経理をする場合のほか、任意に債権放棄をして法的観点から損失を確定させる場合も同様と考えられます。

　ここでは債権の全額が回収不能であることが客観的に明らかになることが必要ですが、これは債務者の資産状況、支払能力のほか、債権回収に必要な労力、債権額と取立費用との比較衡量（費用対効果）などを踏まえて、社会通念に従って総合的に判断されるべきものであるとされています（最判平成16年12月24日・民集58巻9号2637頁）。実務上では、回収不能であることを客観的に明らかにするため、以下のような方法が考えられます。

●財産調査

　債務者の財産を調査した結果、換価可能な資産がなく、その収入状況等からみて今後も支払の見込みがないことが判明した場合、客観的に貸倒れが明らかといえますので、その時点での貸倒損失の計上が認められると解

されます。また、債務者の所在が不明であり、捕捉できる資産がないことが判明した場合も同様であると考えられます。

なお、これらの調査の程度については、債権回収や管理に要する費用を踏まえたうえで、債権者として相当な範囲の調査（債権額との比較において、過分な費用や労力がかからない程度の調査）を行った結果、資産等の把握ができないということで足りるものと解されます。

● 執行不能

債権回収のために訴訟等の法的手続を踏んだうえで、強制執行を実施し、それが執行不能に終わった場合も、客観的に貸倒れが明らかであるといえますので、その時点での貸倒損失の計上が認められると解されます。仮に何らかの回収が可能であったとしても、費用倒れに終わる可能性が高い場合も同様と考えられます。

● 債権者破産申立て

債権者として破産申立てをしたうえで、破産管財人が選任されて財産調査をした結果、配当すべき財産がないとされた場合も、客観的に貸倒れが明らかであるといえますので、その時点での貸倒損失の計上が認められると解されます。

③ 貸倒損失の計上が寄付金に該当しないケース③ 取引停止のケース

継続的な取引関係から生じる売掛金が不良債権になった場合は、比較的容易に貸倒損失の計上が認められています。すなわち、取引停止のケースでは、債務者との継続的な取引を停止した時から1年以上経過しても回収ができない場合に、もはや回収の見込みがないとして損金経理することで貸倒損失の計上が認められます（法人税基本通達9-6-3）。

3 交際費

　法人が取引先との関係で支出する費用の中には、事業との関連性が必ず
しも明らかではないものが含まれることがあり、これについて無制限に損
金算入を認めるとすれば、いたずらに冗費・濫費を増大させ、会社経費の
私的な流用や利益操作がなされるおそれがあると考えられます。そこで、
法人の支出のうち、相手方の歓心を買うための「交際費」に該当するもの
については損金算入が制限されています（租税特別措置法61の 4 ）。

　交際費に該当するかどうかで問題になることが多いのは、役員や従業員
による飲食のための費用であるといえます。この飲食費については、①会
議費、②福利厚生費、③交際費として処理することが考えられますが、相
手方の歓心を買うことを目的として支出されるものが交際費に該当し、損
金算入が制限されるのです。

　税務調査では、会議費や福利厚生費として処理されているものが交際費
に該当するのではないかという指摘がなされることが多いといえます。ま
ず、会議費について、会議に関連して提供される茶菓、弁当等は、会議を
円滑に進める目的で提供されるものであり、歓心を買うことを目的とする
ものではありませんので、単純に損金として処理することが認められると
考えられます。

　次に、福利厚生費について、役員や従業員に飲食が提供される場合、そ
の歓心を買うという要素が多少なりとも認められますが、その一方で、会
社における業務遂行を円滑にするという目的も認められます。そこで、い
ずれの要素が主たるものであるのかを客観的に評価して、福利厚生費であ
るのか、それとも社内飲食費として交際費に該当するのかを判断すること
になります。

　最後に、交際費については、取引先との飲食のために要する費用は接待
飲食費として基本的に交際費に該当します。もっとも、接待飲食費のうち、
1 人当たり5,000円以下の少額飲食費については交際費から除外すること

が認められています。そこで、飲食費が1人当たり5,000円以下であれば、交際費には該当せず、損金算入について制限を受けないことになります。

法務ワーク〜Home Work〜 ● 税務調査への備え

　法人税は毎年税務署に確定申告をする必要がありますが、数年に1回程度、その申告内容に誤りがないかを税務署や国税局が確認しに来ることになります。これを「税務調査」といいますが、税務調査は、収入の計上漏れがないかといった観点のほか、支出について損金算入が認められるかといった観点で実施されます。

　税務調査において申告内容に誤りがあると認められた場合には、法人税の追徴がなされるほか、ペナルティとして加算税や延滞税が課せられることになります。これらの金額が多額になると会社の資金繰りを圧迫し、経営が立ち行かなくなることもあります。

　また、税金を滞納すると税務署や国税局が滞納処分によって強制的に会社の財産（預金口座、売掛金など）を差し押さえることになります。滞納処分がなされると会社の信用が失われ、その先には倒産しかないという状況になりかねません。

　そこで、会社経営にあたっては、将来の税務調査に備えて、適切に法人税の処理について検討しておくことが重要といえます。

(6) 消費者との間で生じ得るトラブルを防ぐうえで知っておくべき法律

Q
当社は、消費者向けの事業をしていますが、消費者とのトラブルを予防するためにはどうすればよいでしょうか。

A 消費者との取引には、個人同士や会社同士の取引とは異なる特別ルールが適用され、消費者がより手厚く保護されます（そのような特別ルールを消費者法といいます）。消費者向けの事業をするうえでは、自社の商品・サービスが消費者にとって誤解や不満を抱くような内容になっていないかを真摯にチェックすることはもちろん、消費者法を知っておくことが大切です。

解 説

1 消費者法の概要

　事業者と消費者（個人）との取引における契約のことを消費者契約といいます。事業者と消費者では、情報量や交渉力において圧倒的な格差があることから、様々な法律で消費者がより手厚く保護されています。このような消費者保護のための法律を総称して消費者法といいます（「消費者法」という名前の法律があるわけではありません）。

　消費者法に含まれるものとして、具体的には、消費者契約法、特定商取引法、景品表示法、電子消費者契約法、個人情報保護法、製造物責任法、割賦販売法、消費者安全法、消費生活用製品安全法などが挙げられます。

以下では、これらのうちの代表的なものを取り上げて説明します。

2 消費者契約法

　消費者契約法には、一定の条件の下、消費者契約自体が取り消されたり、消費者の利益を不当に害する契約条項が無効になったりすることが定められています。具体的には、①断定的判断を提供した場合、②不退去など困惑行為をした場合には、契約は取り消されることが規定されています。また、③消費者に不利な条項が無効になることも規定されています。なお、対象となる契約は、労働契約を除くすべての消費者契約です。

　予防法務の観点からは、①「絶対に儲かります」「損はしません」など、不確実な事項を断定的に説明しないように注意すること、②「契約するまで帰れません」など、相手を困惑させるような無理をしないこと、③キャンセル時に高額のキャンセル料の支払義務を負わせるなど、消費者に一方的に不利益な条項を契約内容に含めないこと、などが大切です。

3 特定商取引法

　特定商取引法は、消費者トラブルを生じやすい取引類型を対象に、事業者が守るべきルールと消費者を守るためのルール（クーリング・オフ、損害賠償額の制限など）を定めています。

　対象となる取引類型には、訪問販売、通信販売、電話勧誘販売、連鎖販売取引（いわゆるマルチ商法）、特定継続的役務提供、業務提供誘引販売取引（いわゆるサイドビジネス商法）、訪問購入（消費者の自宅等を訪問して宝石などの物品を購入する取引）があります。特定継続的役務提供というのは、一定の期間にわたって一定の金額を支払うことを内容とする契約であり、対象となるサービスは、エステティックサロン・美容医療・語学教室・家庭教師・学習塾・パソコン教室・結婚相手紹介サービスの7つ

です。

　また、業務提供誘引販売取引とは、「仕事をあっせんするので自宅で簡単に収入が得られます」などと勧誘し、あっせんする仕事に必要があるとして商品やサービスを購入させる商法のことです。

　事業者が守るべきルールとして、例えば、通信販売においては、広告に一定の事項（例：事業者名、連絡先、住所などの事業者情報）を掲載すること、誇大広告（例：「絶対に痩せる」などのうたい文句、返品を受け付けていないのに「返品可」と表示すること）はしないことなどがあります。

　このように、事業者には、消費者へ適正な情報提供をすることが求められており、これに違反した場合は、業務改善指示や業務停止命令等の行政処分の対象となります。

　予防法務の観点からは、上記取引類型に当てはまる消費者向けの事業をしている場合、取引類型ごとに定められている行政規制を十分に把握し、遵守することが必要です。

　この点、特定商取引法については、頻繁に法改正がなされており、その都度規制の内容が変わりますので、それまで規制されていなかった行為が知らないうちに規制対象になるということがあり得ます。消費者庁のウェブサイトに掲載されている「特定商取引法ガイド」を参照するなどして、常に知識をアップデートしておくことが大切です。

4　景品表示法（不当景品類及び不当表示防止法）

　事業者は、商品・サービスを売り込むために、パンフレット、CM、商品ラベル、ウェブサイト、訪問での説明などにおいて様々な表示を行います。景品表示法は、これらの表示について、商品・サービスの品質や価格について、実際よりも著しく優良または有利であると見せかける表示を禁止しています。禁止される表示として例えば、実際はそうではないセー

ターに「カシミヤ100％」と表示すること（優良誤認表示）、「今だけ半額」「先着100名様限り」と常時表示すること（有利誤認表示）などが挙げられます。

　そのほか、景品表示法は、景品類の最高額、総額等を規制し、過大景品目当てに商品を販売することも禁止しています。一時期話題になりましたが、オンラインゲームにおける「コンプガチャ」（ランダムで入手できるアイテムのうち、特定の複数のアイテムをすべて入手することで、希少なアイテムを入手できるシステム）が禁止されたのも景品類に該当すると判断されたためです。
　景品表示法に違反した場合は、差止めなどの措置命令を受けるほか、その内容が公表されることになります。また、課徴金の納付も命じられることになります。
　予防法務の観点からは、法規制の概要を役員や従業員に周知させるとともに、担当者を定めて自社製品の表示などに問題がないかチェックできる体制を整えておくことが必要です。そして、何よりも大切なのは、消費者をがっかりさせることのないように、商品・サービスを偽ることのない社風を作り出すことです。

5　電子消費者契約法

　ECサイトを運営する会社にとって重要なのが、電子消費者契約法です。インターネットでの取引はワンクリックで行われるため、誤操作が生じやすいことから、消費者は取引の無効を主張しやすいように保護されています。
　予防法務の観点からは、ECサイトで、最終的な注文が確定される前に、申込内容を確認できる画面を表示するなどの設計が必要です（→②(7)67頁参照）。

法務ワーク〜Home Work〜 ━━━● 製造物責任法の留意点

　製造物責任法（PL法）は、製造物の欠陥が原因で他人の生命・身体・財産に損害が生じた場合に、製造業者等にその過失の有無を問わずに損害賠償責任を負わせる法律です。

　例えば、エアコンの室外機から発火して家が燃えた場合、加工食品に異物が混入していて消費者に健康被害が出た場合、製造物に「欠陥」があれば、すなわち、製造物が通常有すべき安全性を欠いていれば、製造業者側は製造時に過失がなかったと言い訳ができなくなっています（これを「無過失責任」といいます）。

　注意すべきは、実際に製造物を製造している業者だけでなく、輸入業者や製造業者として製造物に表示された者（例えば、ECサイトで他社が製造した商品を自社製品として表示して販売している者）も製造業者等として責任を負うことになる点です。例えば、輸入業者が責任を負った例として、冷え性患者に効能があるとする漢方薬を輸入販売する会社に対して、この漢方薬を服用した患者が慢性腎不全にり患したことを理由に、数千万円もの損害賠償責任が認められた裁判例があります（名古屋地判平成14年4月22日・判時1866号108頁）。

　製造業者であれば、もちろん安全なモノづくりをするということが最も大切であることは言うまでもありません。ただ、予防法務としては、万が一のために、生産物賠償責任保険（PL保険）に加入するとよいでしょう。

　また、輸入業者や製造業者として製造物に表示された者については、商品を仕入れる際の契約内容が重要です。例えば、海外で製造された製造物を輸入して販売する会社は、自社が製造物責任を追及された場合に海外製造業者に対して求償できるよう特約を結んでおく必要があります。併せて、海外製造業者に資力がないケースも想定して、海外製造者のPL保険への加入と保険証券の写しの提出を契約書で義務づけるとよいでしょう。

(7) EC サイト開設時に押さえておくべきこと

Q

当社ではインターネットによる通信販売を始めたいと考えています。
事前に注意しておくべき点を教えてください。

A インターネットによる通信販売は、EC（電子商取引）と呼ばれます。EC サイト開設にあたっては、特定商取引法、景品表示法、個人情報保護法、消費者契約法、電子消費者契約法など関連する消費者法を十分に把握してサイトを設計する必要があるほか、著作権侵害など知的財産権に対する気配りも必要です。

解 説

1 EC サイトの開設は、特定商取引法を確認してから

インターネット通信販売を行う事業者は、特定商取引法によって定められた事項をあらかじめ表示しなければならないとされています（特定商取引法11条）。これは個人事業主であっても同様であり、プライバシーを理由に省略することはできません。表示事項については、具体的には次のとおりです。

① 販売価格（役務の対価）（送料についても表示が必要）

② 代金（対価）の支払時期、方法

③ 商品の引渡時期（権利の移転時期、役務の提供時期）

④ 商品もしくは特定権利の売買契約の申込みの撤回または売買契約の解除に関する事項（その特約がある場合はその内容）

⑤　事業者の氏名（名称）、住所、電話番号

⑥　事業者が法人であって、電子情報処理組織を利用する方法により広告をする場合には、当該販売業者等代表者または通信販売に関する業務の責任者の氏名

⑦　申込みの有効期限があるときには、その期限

⑧　販売価格、送料等以外に購入者等が負担すべき金銭があるときには、その内容およびその額

⑨　商品に隠れた瑕疵がある場合に、販売業者の責任についての定めがあるときは、その内容

⑩　いわゆるソフトウェアに関する取引である場合には、そのソフトウェアの動作環境

⑪　商品の売買契約を２回以上継続して締結する必要があるときは、その旨および販売条件

⑫　商品の販売数量の制限等、特別な販売条件（役務提供条件）があるときには、その内容

⑬　請求によりカタログ等を別途送付する場合、それが有料であるときには、その金額

⑭　電子メールによる商業広告を送る場合には、事業者の電子メールアドレス

　また、同法は、誇大広告の禁止として、表示事項について、「著しく事実に相違する表示」や「実際のものより著しく優良であり、もしくは有利であると人を誤認させるような表示」を禁止しています（特定商取引法12条）。

　これらは主な規制ですが、ほかにも消費者があらかじめ承諾しない場合に電子メール広告を送信することが禁止されている（特定商取引法12条の3、12条の4）など、細かい規制がありますので、ECサイトを開設する場合、事前に確認しておく必要があります。

　この点、消費者庁のウェブサイトに掲載された「特定商取引法ガイド」

の中の「通信販売」に具体的な記載がありますので、参考になります。

2 広告は業種によらない規制に加えて、特定の業種に設けられている規制にも注意

　ECサイトにおいては、商品・サービスを売り込むために広告をすることが一般です。この際、業種によらずに注意すべきなのが景品表示法であり、広告が不当表示にならないように注意する必要があります。例えば、「通常3,000円が半額!!」などと広告する場合、元値3,000円で販売した最後の日から2週間を経過すると、もはや適切な元値として認められなくなります。このような広告を掲載した後、削除を忘れてしまうと、二重価格表示として景品表示法違反になってしまいます。

　また、特定の業種については、個別の広告規制が設けられていることがあります。例えば、化粧品や健康食品を取り扱う場合には、薬機法（医薬品、医療機器等の品質、有効性及び安全性の確保等に関する法律）に注意が必要です。化粧品については表現できる効能効果の範囲が規制されており、健康食品については医薬品と誤認されるような効能効果を表示することができません。

　これ以外にも、金融商品を取り扱う場合は金融商品取引法の規制があり、医療（病院）の場合は医療法の規制があるなど、業種ごとの規制に注意が必要です。

3 利用規約はサイト内のわかりやすい場所に掲載する

　利用規約とは、ECサイト事業者がユーザ向けに利用上のルールを明示したもので、ユーザが利用規約に同意した場合に、事業者とユーザとを拘束する点で契約書と同じ機能を果たします。利用規約は、ECサイトに掲載することが必須ではありませんが、予防法務の観点からは、ユーザとの

トラブル防止やトラブルが起きた際の対応のために掲載しておくべきです。

　利用規約の内容については、消費者契約法により消費者に不利な条項が無効となる場合があること、また、利用規約は通常の契約と異なって公開されているという特殊性があるため、あまり消費者に不利な内容にしていると事業者の信頼を損ねる場合があることにも注意が必要です。

　なお、利用規約はユーザにとってわかりやすい場所に掲載することが大切であり、サイト内の目立たない場所に掲載されている場合には契約としての効力がないと判断されることもあります。この点、経済産業省のウェブサイトに掲載された「電子商取引及び情報財取引等に関する準則」には、利用規約に効力を生じさせるための措置が記載されており、参考になります。

4　プライバシーポリシー（個人情報保護方針）で顧客の個人情報の具体的な取扱い方針を明文化する

　EC サイト事業者は、名前、住所、電話番号などの顧客の個人情報を受け取るにあたって、個人情報保護法上の義務を負います。プライバシーポリシーとは、個人情報保護法に則って、データベース等に記録した個人情報の取扱いの方針を明文化したものです。

　具体的には、個人情報保護法では、

①　個人情報を取得する際には利用目的を定めて本人に伝えること
②　取得した個人情報は特定した利用目的の範囲内でのみ利用すること
③　個人情報の漏えい等が生じないように安全に管理すること
④　個人情報を第三者に開示するときには事前に本人の同意を得ること
⑤　本人から個人情報の開示、訂正、利用停止等を求められた場合には対応すること

が義務づけられており、プライバシーポリシーでは、その具体的な内容を記載します。

なお、ECサイト事業者が海外に商品を提供している場合には、海外の個人情報保護法上の規制も影響してきますので、その確認が必要です。例えば、海外の法規制として、欧州の個人情報保護法であるGDPR（General Data Protection Regulation）が挙げられます。

5　電子消費者契約法の主旨に則して申込みの訂正をしやすいサイトを設計する

インターネットでの取引はワンクリックで行われるため、誤操作が生じやすいことから、電子消費者契約法は、消費者からの取引の無効を主張しやすいようにして消費者を保護しています。予防法務の観点からは、取引が無効にされないように、サイトの設計に留意する必要があります。

具体例としては、①送信ボタンが存在する同じ画面上に意思表示の内容を明示し、そのボタンをクリックすることで意思表示となることを消費者が明らかに確認できる画面を設置すること、②最終的な意思表示となる送信ボタンを押す前に、申込みの内容を表示し、そこで訂正する機会を与える画面を設置することが挙げられます。

6　他人の著作権を侵害しない

ECサイト開設にあたっては、写真やデザインなどの著作物を使ってECサイトを見栄え良くすることが一般です。また、キャラクター、音楽、映像を使用して商品を販売するなど、著作物を利用することもあります。この際、他人の著作権を侵害しないように注意する必要があります。

著作権侵害となるのは、
①　他人の著作物を元にして著作物を作成・利用したこと（依拠性）
②　著作物という創作的表現が同一または類似であること（類似性）
③　著作物を無断で利用すること（無断利用）

という3つの要件を満たした場合です。そこで、これらの3つの要件のうち少なくとも1つは否定できるように注意する必要があります。以下でくわしく説明します。

①　依拠性：他人の著作物に依拠しないこと

　予防法務の観点からは、依拠性を否定すること、すなわち、他人の著作物を全く見ずにオリジナルの著作物を創作することが最も安全です。他人の著作物に全く依拠しない場合には、結果的にその他人の著作物と類似していたとしても著作権侵害とはならないためです。この点は、会社の経営者から、創作活動を担当する従業員に対して、強く意識づけさせるとよいでしょう。

②　類似性：依拠した著作物と表現が非類似になるようにすること

　そうはいっても、インスピレーションを得る目的で、他人の著作物を参照し、何らかの形で他人の著作物に依拠する場合もあると思います。予防法務の観点からは、その場合は、類似性を否定すること、すなわち、依拠した他人の著作物と表現が非類似になるようにすることが大切です。

　この点、裁判例（最判昭和55年3月28日・判タ415号100頁〔パロディー・モンタージュ事件〕）は、類似性の判断基準を「本質的特徴が直接感得できるかどうか」としていますが、実際には、これは非常に難しい判断になります。著作物の種類（例：小説、音楽、絵画、映画など）によっても、判断基準の当てはめ方が異なってきます。

　ポイントとしては、(i)「創作性のある部分」の(ii)「表現」が共通しているかどうかという点で考えてみるという視点が大切です。(i)は、誰が創作してみても同じようになる部分が共通していても類似とはなりにくいという意味です。(ii)は、アイデアが共通しているだけでは類似とはなりにくいという意味です。微妙な判断が求められるケースでは、類似性については、著作権にくわしい弁護士に相談してアドバイスをもらったほうが安全です。

③ 無断利用：ライセンスを受けること

　類似性も明確に否定できない場合は、より非類似になるようにデザイン等を変更することを再検討します。それでも変更できない場合には、事前に利用許諾（ライセンス）を受けることを考えたほうがよいでしょう。

　使用料は発生してしまいますが、他社とのトラブルを事前に回避するという意味では、大切な経営判断だと考えます。例えば、音楽の著作物にはなりますが、JASRAQ（一般社団法人日本音楽著作権協会）のウェブサイトでは、使用料の計算シミュレーションが簡単に行えるようになっており、参考になります。

　なお、自社で著作物を創作するのではなく、第三者にお金を払って著作物を創作してもらう場合もあります。この場合に気をつけることは、納品された著作物が他人の著作権を侵害していないかということです。

　もし侵害していれば、自社がトラブルに巻き込まれることになります。委託先から納品された著作物が他人の著作権を侵害しているかは自社では判断できないところがありますので、著作物制作委託契約において、納品された著作物が他人の著作権を侵害していないことを委託先に保証してもらい、万が一侵害していた場合には、その責任を負うという内容の条項を入れておく必要があります。事前の契約書を充実させておくことが予防法務に役立ちます。

法務ワーク〜Home Work〜 ● 著作権侵害にならないために

　個人的に使用するためのコピーは著作権侵害にはならないということを聞かれたことがあるかと思います。これは、形式的に著作権の侵害になる場合であっても、著作権法第30条〜第47条の7に該当する場合には、侵害とはならないという権利制限規定です。

　例えば、他人の著作物が映り込んでいる場合（著作権法30条の2）、検討の過程における利用（著作権法30条の3）、技術開発・実用化のための試験利用（著作権法30条の4）、他人の著作物を自分の著作物の中で引用する場合（著作権法32条）、営利を目的としない上演等（著作権法38条）、美術の著作物等の展示に伴う複製（著作権法47条）、電子計算機における著作物の利用に伴う複製（著作権法47条の8）などがあります。

　なお、平成30年著作権法改正で、デジタル化・ネットワーク化の進展に対応した柔軟な（一般的・抽象的で解釈の余地の大きい）権利制限規定が整備されました。デジタル化・ネットワーク化に関連する業界の会社は、ビジネスを拡大するチャンスでもありますのでよく確認されるとよいでしょう。

　また、業界によってよく利用する権利制限規定があります（例①：新聞社における時事の事件の報道のための利用（著作権法41条）、例②：学校における教育機関における複製等（著作権法35条）。関係する権利制限規定にはくわしくなっておくとよいでしょう。

　ただし、権利制限規定はいずれも複雑で裁判例を踏まえながらの解釈になりますので、最終的な判断は著作権にくわしい弁護士に相談するのが無難です。

(8) 個人情報の取扱い

Q

会社の取引において顧客の個人情報をたくさん取得します。個人情報の取扱いにあたって、どのような点に注意をすればよいでしょうか。

A 個人情報保護のための基本ルールを踏まえたうえで、個人情報の流出がビジネスにおいて大きなリスクとなり得ることを認識することが大切です。個人情報流出のリスクを低減するためには、適切な安全管理措置を実施する必要があります。

解 説

1 個人情報保護の重要性

　個人情報を取り扱う事業者は、個人情報保護法を遵守する必要があります。その基本的なルールは、個人情報について、
　①　取得時には利用目的を定めて本人に伝えること
　②　利用時には特定した利用目的の範囲内でのみ利用すること
　③　第三者に開示するときには事前に本人の同意を得ること
です。個人情報を取り扱うにあたっては、これらの点に十分に注意する必要があります。
　そのうえで、個人情報を取り扱う事業者は個人情報の漏えいを事前に防ぐために必要な措置（安全管理措置）を講じることが義務づけられています。必要な措置を講じることなく個人情報を漏えいしてしまった場合、顧客に対して不法行為に基づく損害賠償責任を負うことになります。また、

違反した場合には、国から指導・助言を受けることがあり、これに従わないと勧告・命令を受け、さらには刑事罰の対象にもなります。

なお、個人情報保護法の概要については、個人情報保護委員会のウェブサイトに掲載されている「個人情報保護法ハンドブック」が参考になります。

2　個人情報の流出は会社に甚大な損害をもたらす

個人情報については、データ化・ネットワーク化が進んでいることから、個人情報の流出が容易かつ大規模になる傾向があります。以下で有名な事件を2つ紹介しますが、いずれも甚大な損害につながっています。

1つ目は、通信教育事業を行うベネッセから委託を受けて個人情報を分析するシステム開発運営会社の従業員が、故意に個人情報約2,900万件を外部名簿業者に売却したという事件です。このケースでは、ベネッセは、情報が漏えいした会員に対して謝罪のために図書カードの配付などをして巨額の損失が生じたほか、代表者が辞任するなどの事態に発展しました。

2つ目は、ヤフーが保有していた会員約450万件の個人情報が、外部からの不正アクセスによって漏えいしたという事件です。このケースでは、個人情報がヤフーの従業員であれば誰でも閲覧入手できるような状況であったことなどからヤフーの過失が認定され、1人当たり6,000円の慰謝料等の賠償義務が発生し、結果的にヤフーには100億円を超える損失が出ました。

このような個人情報流出は、何も大企業だけのものではなく、中小企業であっても十分に起こり得ることです。例えば、

①　会員や顧客など多数名に案内メールを送信する際に、BCCではなく、うっかりCCにメールアドレスを入れた状態でメールを送信してしまうケース

② 　ウェブサーバーに個人情報を保管していたところ、うっかり誰でも
　閲覧できる状態にしてしまうケース
③ 　従業員が自宅で作業するために USB で個人情報を含むデータを持
　ち出したところ、その USB を帰宅中に紛失してしまう（あるいは自
　宅のパソコンで作業していたところウィルスに感染して流出してしま
　う）ケース
④ 　委託先のアルバイト従業員が名簿業者に個人情報データを売却して
　しまうケース
など、様々なケースが想定されます。

3　個人データの安全管理措置は 4 つの観点から見直す

　個人情報といっても、取引先から受け取る名刺 1 枚から、数万件の顧客
データまで様々です。個人情報保護法は、事業者が「個人データ」を保有
する場合に、個人情報をより強く保護するため、事業者に対して安全管理
措置を整備するよう求めています。

　ここでいう「個人データ」とは、個人情報データベース等（特定の個人
を容易に検索できるよう体系的に構成されたもの）のことをいいます。エ
クセルなどで一覧化された個人情報がその典型例ですが、紙の台帳であっ
ても体系的に管理されていればこれに該当します。

　個人データを扱う事業者は、個人データの漏えい、滅失、毀損の防止な
ど、個人データの安全管理のために必要かつ適切な措置を講じなければな
りません（個人情報保護法20条）。

　安全管理措置としては、次の 4 つの観点から自社の管理状況を見直すと
よいでしょう。

組織的安全管理	組織体制の整備、個人データの取扱いに係る規律に従った運用、個人データの取扱い状況を確認する手段の整備、漏えい等の事案に対応する体制の整備、取扱い状況の把握及び安全管理措置の見直し、社内の勤務規則の整備や誓約書の作成、など
人的安全管理	従業員の教育、など
物理的安全管理	個人データを取り扱う区域の管理、機器及び電子媒体等の盗難等の防止、電子媒体等を持ち運ぶ場合の漏えい等の防止、個人データの削除及び機器、電子媒体等の廃棄、など
技術的安全管理	アクセス制御、アクセス者の識別と認証、外部からの不正アクセス等の防止、情報システムの使用に伴う漏えい等の防止、など

　そのほか、安全管理措置の一環として、従業者に対する監督義務（個人情報保護法21条）や委託先に対する監督（安全管理措置を委託先が実施することを委託契約書の内容に盛り込み、それが実際に遵守されていることを確認すること）（個人情報保護法22条）が定められています。

　予防法務の観点からは、日常的に上記のような安全管理措置をきちんと実施することが大切です。これにより個人情報流出のリスクを低減させることができ、万が一流出してしまった場合でも会社の責任は認められにくくなります。

(9) 新規の取引を開始する際にすべきこと

Q

新たな取引先と取引を開始するときに気をつけておくべき点について
教えてください。

A 予防法務の観点からは、取引先に対して適切な信用調査を実施
することが大切です。まずは商業登記簿謄本、決算報告書、不
動産登記簿謄本などの基本的な資料を入手して確認しましょう。取引
額が大きい場合にはより慎重な対応が必要であり、信用調査会社を利
用することも検討します。そのうえで、新規取引先の代表者と面談し
たり、現地調査を実施したりすることによって実際の状況を把握して、
取引を開始するようにしましょう。

解 説

1 商業登記簿謄本の調査

新しい取引先と取引を開始するときには、取引先が法人であれば、まず
は法務局で商業登記簿謄本を入手することが有益です。商業登記簿謄本に
は、商号、本店、会社成立の年月日、会社の目的、資本金の額、役員に関
する事項など、会社の基本的な情報が記載されています。

基本事項ではありますが、確かにその会社が存在するのか（商号）、本
社と称する所在地が本店所在地になっているか（本店）、会社の歴史はど
のくらい長いか（会社成立の年月日）、行う予定の取引が会社の目的の範
囲内かどうか（目的）、名刺などに記載された代表取締役、取締役の肩書

と登記情報は一致しているか（役員に関する事項）など、得られる情報は多いです。気になる点を見つけたら、社長に問い合わせして、きちんとした説明がなされるか、全体として不審な点はないかを検討します。

　また、会社の名称や役員の名前などの基本情報をインターネットで検索することも有効な情報収集手段の１つです。取引先が以前に何か問題を起こしたことがある場合、インターネットで検索すると判明することもよくあります（特に多いのが、過去の犯罪や詐欺まがいの商売などです）。これは非常に簡単な方法ですので、初めて取引を開始する会社については、ひとまず検索してみるというのも有益です。

2　決算書の調査

　新規取引先の財産状況を把握しておくことは非常に大切です。財産状況の把握で最も基本となるのが決算書です。非上場会社であっても、四季報、官報、日刊紙、会社ウェブサイトで決算公告を確認することができる場合もありますので、確認してみる価値はあるでしょう。場合によっては、新規取引先との取引開始にあたって「念のために決算書を知っておきたい」と取引先に依頼して入手することも検討しましょう。

　なお、新規取引先が上場会社の場合、通常、信用力が問題になることは少ないとはいえますが、念のため決算書を確認しておきたいときは、EDINET（金融庁が運営している有価証券報告書のデータベースサービス）で簡単に入手できます。

　以上とは別に、取引を開始した後に債権者となった場合には、事後的ではありますが、会社法に基づき、取引先に対して計算書類（各事業年度に係る貸借対照表、損益計算書、株主資本等変動計算書、個別注記表及び事業報告並びにこれらの附属明細書）の開示を求めることができます（会社法442条３項）。

　これは法律上の権利であり、開示されない場合には法的措置をとること

もできます。このように強力な情報収集手段ではありますが、実際の開示請求にあたっては、取引先との関係を悪化させるリスクが大きいといえますので、そのタイミングには注意する必要があるでしょう。

3　不動産登記簿謄本の調査

　新規取引先の決算書が入手できない場合であっても、商業登記簿謄本、会社ウェブサイトなどから判明している本店や工場などの不動産の不動産登記簿謄本を入手して権利関係を調べれば、ある程度の財産状況が確認できます。なお、不動産登記簿謄本の共同担保目録から、新規取引先の新たな不動産が見つかることもあります。

　新規取引先が所有する不動産がある場合、差押え、仮差押えの記載はないか、抵当権、根抵当権が設定されていないかを確認します。競売開始決定や税金の滞納による差押え等がされている場合には、支払能力に不安があるため、新規取引を慎重に検討すべきです。

　また、抵当権が設定されている場合には、新規取引先のおおよその負債額や借入先（銀行、信用金庫、信用組合といった金融機関であるかどうか）がわかります。これらの情報から、不自然な程度に負債額が大きい場合や借入先が金融機関でない場合などには、新規取引を慎重に考える必要があります。

4　信用調査会社を利用する

　取引額が大きく、公開資料や新規取引先から入手した資料だけでは十分に信用力が判断できない場合には、帝国データバンクや東京商工リサーチなどの信用調査会社を利用することも検討します。

　信用調査会社に手数料を支払うことで、対象会社に関する調査報告書を作成してもらえますので、その内容を確認して検討することができます。

5　書類以外の調査

　以上は書類上の調査ですが、それ以外の調査を実施することも有益です。代表的な方法として、新規取引先の代表者に実際に会って面談することが考えられます。代表者がどのような性格で信用に足りるのか、その取引についてどの程度の知識を持っているのか、取引の動機は何かなど、様々なヒアリングを実施する中で判明することも多いです。

　予防法務の観点からは、商流、取扱商品、主な取引先（仕入先・販売先）や取引銀行などをヒアリングしておくことが大切です。このような情報は、万が一、売掛金の回収が滞った際に非常に有益な情報となります。売掛先や取引銀行を把握しておけば売掛金や預金債権を差し押さえることが可能となり、また、取扱商品や在庫・材料などを把握しておけば動産を差し押さえることが可能となります。

　また、代表者との面談のほか、新規取引先の本社、営業所、工場などを実際に訪問して施設や従業員の様子を確認することも考えられます。経営が苦しい会社では、整理整頓が行き届かないために雑然としていたり、従業員にやる気がなかったりすることがあり、実際に訪問することで肌感覚によって経営状況がわかることもあります。

　このような代表者との面談や実地調査は、取引開始時には実施しやすいと思いますので、積極的に行うことをお勧めします。

⑽ 担保確保の重要性

Q

新しい取引先と取引を開始する予定なのですが、大きな取引額になり
そうです。ただ、いろいろと調べてみたのですが、その会社にどの程
度の支払能力があるのかよくわかりません。このような場合、どうす
れば、将来の回収リスクを減らすことができるでしょうか。

A

相手方の状況に応じて、人的担保としての保証人のほか、物的
担保を確保しておくとよいでしょう。いずれの担保を確保する
場合も、タイミングが重要となりますので、なるべく取引を開始する
前に交渉しておくべきです。

解 説

1 担保の種類と使い分け

　債務者が支払をしない場合に備えた担保としては、債務者に代わって支
払をする責任を負う保証人を確保しておくこと（人的担保）のほか、不動
産、動産、債権等の財産を債務の引当てに確保しておくこと（物的担保）
があります。人的担保については保証人と保証契約を締結し（→③⑺124頁
参照）、物的担保については担保の提供者（通常は債務者）と担保の種類
に応じた担保権設定契約を締結します（下記3参照）。
　この点、人的担保では、将来の時点の保証人の資力が問題になるため、確
実性に乏しい場合がありますが、物的担保では、基本的には担保価値があ
る程度将来まで予測でき、回収の確実性が高いというメリットがあります。

他方で、物的担保の場合は第三者に主張するために対抗要件（例：抵当権であれば登記、質権であれば引渡しなど）を具備する必要があり、権利行使にあたって強制執行の手続が必要であるなど、権利の設定・行使に一定の手間を要する点がデメリットとなります。

人的担保の場合、信用力のある保証人であれば、任意の支払が期待できるほか、保証人に迷惑をかけられないという意味で債務者に心理的なプレッシャーを与える効果もあります。

そこで、人的担保と物的担保の双方を確保できることが最も望ましいですが、双方の確保が難しい場合には、保証人の信用力が十分であれば人的担保の確保を優先し、そうでない場合には客観的な価値が高く、換価しやすい財産を物的担保として確保することを優先するとよいでしょう。

2 担保を確保するタイミング

取引先に担保を求めることは難しいかもしれませんが、初めての取引を行う場合であって金額が大きいときは交渉をしやすいタイミングであるといえます。いったん取引を始めた後に担保を求めることはより難しくなりますので、取引を開始する前に交渉しておくべきでしょう。

この際には、一定以上の金額の場合には担保の確保を必須としていることを強調したり、直近で貸倒れが発生したことから担保の確保が必要であることを説明したりすれば、応じてくれることもあるでしょう。様々なケースに応じて、うまく取引先を説得するようにしたいところです。

3 物的担保の種類と活用方法

① 抵当権・根抵当権

担保となる財産が不動産の場合には、抵当権や根抵当権が最も頻繁に利

用されています。抵当権は特定の債務の引当てとなる担保であり、根抵当
権は一定の金額（これを「極度額」といいます）までの債務の引当てとな
る担保です。

　これらの設定には登記費用などを要しますが、取引先の会社が所有する
本店や工場などの不動産のほか、取引先の会社以外が所有する不動産（例
えば、代表者その他の役員の自宅、その親族の自宅、関連会社の所有する
不動産）について設定でき、複数の不動産を共同担保とすることも可能で
す。そして、支払が遅延した場合には、当該不動産を競売して優先的に売
掛金を回収することができます。

　なお、実際には、借入金のある会社であれば、会社や代表者の自宅など
に、すでに金融機関による抵当権や根抵当権の設定がなされていることも
多いといえます。この場合、たとえ後順位の権利であっても、余剰が出れ
ば回収可能であり、仮に余剰がなくても債権回収の交渉材料として効果を
発揮する場合もありますので、権利の設定を交渉しておくべきでしょう。

②　譲渡担保

　取引先にめぼしい不動産がない場合、取引先の商品在庫や機械類などの
動産を担保にすることや売掛金などの債権を担保にすることが考えられま
す。この場合、実質的な権利は債務者に留保した上で形式的な権利を債権
者に移転するという譲渡担保がよく用いられます。

　動産譲渡担保では、流動する集合動産に担保設定することになりますの
で、その特定が重要になります。この点、法律上では抵当権のような明確
な設定方法が定められていませんので、慣れていない限り、万全を期する
ことは困難といえます。そこで、動産譲渡担保を設定する際には、弁護士
や司法書士などの専門家に相談をして、法的に適切な契約書を作成しても
らうことをお勧めします。

　次に、債権譲渡担保については、原則として第三債務者（担保設定の対

象となる債権に係る債務者、すなわち売掛先）に債権譲渡の通知を行う必要があります。ところが、通知をすることで信用不安があることを知られてしまうと事業自体が成り立たなくなる危険があります。

　そこで、第三者に通知する代わりに債権譲渡登記ファイルに記録するという方法があり、これにより信用を守りつつ担保を確保することが可能となります。債権譲渡登記も専門的ですので、よほど慣れていない限り、弁護士や司法書士などの専門家に相談することをお勧めします。

③　保証金

　保証金は小売業者に商品を卸売りする場合やメーカーに原材料を納入する場合などに取引保証金や営業保証金といった名目で、よく利用されています。

　取引に先立って一定の保証金を差し入れてもらうことは有効な担保となります。取引先の支払が遅滞した場合に、取引先の保証金の返還請求権と当方の売掛金とを相殺することで、担保としての機能を発揮するからです。取引先の資金力や取引先との交渉力（取引先がどれほど購入したいと考えるか）次第ですが、可能であれば保証金を確保しておくことも回収リスクを減らすために有効な手段となります。

⑾ 大企業との取引にあたっての留意点

Q

大企業と取引をするときに不利な内容を押し付けられそうになること
があります。そのまま受け入れて問題ないでしょうか。

A こちらに不利な内容を安易に受け入れることはやめましょう。
中小企業が大企業と取引するときに注意すべき法律として、独
禁法と下請法があります。それぞれの規制対象にならないかを確認し、
問題がある場合には取引前にきちんと改善を求める行動に出るべきで
す。

解　説

1　独禁法（私的独占の禁止及び公正取引の確保に関する法律）

　独禁法は、自由な競争が制限されるおそれがある取引、競争手段が公正
とはいえない取引、自由な競争の基盤を侵害するおそれがある取引を不公
正な取引として、これにより公正な競争を阻害するおそれがある場合に取
引を禁止しています（独禁法2条9項、19条）。

　以下では、特に中小企業が大企業と取引する際に生じやすい不公正な取
引方法の類型について説明します。

　まずは、**優越的地位の濫用**です。中小企業と大企業との取引では、交渉
力に格差があるため、中小企業に不利な取引内容が押し付けられる例が多
くみられます。独禁法は、取引上、優越的地位にある事業者が、取引先に

対して不当に不利益を与える行為を、優越的地位の濫用として禁止しています。

　不利益を与える行為としては、例えば、購入や利用の強制（押し付け販売）、協賛金等の負担の要請、従業員等の派遣の要請、返品、取引の対価の一方的な決定などの行為があります。

　そのほか、主な不公正な取引方法として、**再販売価格の拘束**（メーカーなどの事業者が、小売業者や代理店に自社商品の販売価格を指示し、これを守らせること）、**取引拒絶**（新規事業者の開業を妨害するために複数の事業者が共同で新規事業者に対して材料を供給しないように材料メーカーに申し入れること）、**抱き合わせ販売**（人気商品と売れ残り商品をセットで販売すること）、**排他条件付取引**（競争相手の商品を取り扱わないことを条件として自社が供給する商品の取引をすること）、**拘束条件付取引**（販売地域を制限したり安売り表示を禁止したりすること）があります。

　なお、独禁法の規制についてよりくわしく調べたい場合は、公正取引委員会がウェブサイトでガイドラインを公開しており、くわしく解説されていますので、こちらを参照することがよいでしょう。ガイドラインは類型ごとに作成されていますが、不公正な取引方法については、「流通・取引慣行に関する独禁法上の指針」が該当します。

2　下請法（下請代金支払遅延等防止法）

　中小企業と大企業の取引では、大企業が親事業者・中小企業が下請事業者となる下請取引がよくあります。この点、親事業者は優位な立場にありますので、下請事業者が一方的に不利になる下請取引を要求されることが多く見られます。下請法は、このような状況を踏まえて、独禁法を補完し、親事業者を規制し、下請事業者の利益を保護しています。

　取引について下請法の適用がある場合には、親事業者には一定の義務が

発生するとともに、一定の行為が禁止されます。以下では、その概要について説明します（よりくわしく知りたい場合には、公正取引員会のウェブサイトでくわしく解説されていますので、こちらを参照ください）。

まず、親事業者の義務として、

① 書面の交付義務

② 書類の作成・保存義務

③ 下請代金の支払期日（60日以内）を定める義務

④ 遅延利息の支払義務

が定められています。

特に注意すべきは、①と④です。①では、親事業者は、発注にあたって、発注内容（下請代金の額、下請代金の支払期日など）を明確に記載した注文書等（いわゆる3条書面）を交付する義務があります。また、④では、支払期日までに下請代金を支払わなかった場合、親事業者は、60日を経過した日から現実の支払日までの期間、未払金額に年率14.6％を乗じた遅延利息を支払う義務があります。

また、親事業者の禁止行為として、

① 受領拒否

② 下請代金の支払遅延

③ 下請代金の減額

④ 返品

⑤ 買いたたき

⑥ 購入・利用強制

⑦ 有償支給原材料等の対価の早期決済

⑧ 割引困難な手形の交付

⑨ 不当な経済上の利益の提供要請

⑩ 不当な給付内容の変更・やり直し

といった行為の禁止が定められています。

これらの下請法の規制の適用を受けるかどうかについては、資本金額と取引内容を確認する必要があります。例えば、親事業者が資本金3億円超、下請事業者が資本金3億円以下（個人事業者を含みます）で、物品の製造委託をする場合には下請法の適用があります。この点、フリーランスなどの個人事業者も下請法によって保護されていることにも留意が必要です。

3　予防法務の観点から

中小企業としては、以上で述べたような独禁法・下請法の規制について、大企業において違反が疑われる行為があった場合、それを指摘できる程度には把握しておくことが大切です。また、自社から取引先に対しても、そのような違法な取引条件を提示することがないよう注意しておくべきです。

大企業から不当な取引条件を押し付けられているのではないかと感じた場合には、公正取引委員会が公開しているガイドラインなどを確認して当てはまる例がないか確認したり、専門家に相談したりして、問題があれば直ちに改善を求めるように対処すべきです。それでも大企業が要請を強要する場合は、弁護士を代理人として交渉することや公正取引委員会へ申告することも検討する必要があります。

⑿ 企業活動で生じ得る「災害」リスクの管理・危機管理の重要性

Q

リスク管理・危機管理とは何でしょうか。具体的にどのようなことをすればよいでしょうか。

A 近年、企業活動に甚大な影響を及ぼす災害が多発していることもあり、リスク管理・危機管理の重要性が高まっています。これらは企業体力の乏しい中小企業にとってこそ重要であり、適切にリスク管理・危機管理を行う必要があります。

解 説

1 企業を取り巻く「災害」は多岐にわたるからこそ行うべきリスク管理・危機管理

　企業を取り巻くリスクとしては、震災、豪雨、台風、疫病の流行といった自然災害のほか、役員・従業員の不正、労災事故、第三者への傷害といった人的災害、リコールの発生、コンピュータのシステムダウンといった物的災害、さらには、SNS 等での炎上、環境汚染など、極めて多岐にわたります。

　リスク管理とは、まだ生じていないこれらの危機的な事態に適切に備えることをいいます。すなわち、将来想定されるリスクが現実化しないようにするため、事前にリスクを洗い出して防止策を検討するといった、リスクを回避するための管理活動です。

これに対して、危機管理（リスクマネジメント）とは、すでに生じてしまった危機的な事態に適切に対応することをいいます。すなわち、事業の目的を達成することや事業の継続を脅かすような危機が発生したときに、そのマイナスの影響を最小限にとどめるとともに、いち早く危機状態から脱出して正常状態に戻すための管理活動です。

大企業では、もともと企業体力があることに加えて、内部統制システムの一環として、「損失の危険の管理に関する規程その他の体制の整備」をすることが義務づけられています（会社法362条4項6号、会社法施行規則100条1項2号）。このため、十分なリスク管理・危機管理がなされていることが一般であり、リスクが現実化した際に受けるダメージは比較的小さいといえます。

しかしながら、中小企業の場合には、人材、資金力などの企業体力が乏しく、リスクが現実化した際には致命的なダメージを受けることが少なくありません。そこで、中小企業においては、いっそうリスク管理・危機管理が重要であるといえます。

2 リスク管理の方法

① リスクの特定

リスク管理にあたっては、まずは将来のリスクを特定する必要があります。そのため、ブレーンストーミングをする、経営者仲間・インターネット・書籍などから過去の問題例を調べる、弁護士や税理士等の専門家からの助言を参考にするなどして、できるだけ多くのリスクをリストアップしていきます。

この際、リスクは、様々な観点から検討することが必要です。例えば、以下のように、異なる多くの観点から洗い出しすると網羅的にリスクを抽出しやすくなります。

● 事業リスク（企業の信用棄損など）
● 法務リスク（法令遵守違反、訴訟提起、情報漏えいなど）
● 自然災害リスク（地震、火災、台風、豪雨、津波、異常気象など）
● 人事労務リスク（経営者の死亡、大量離職、労働災害など）
● システムリスク（故障、ハッキング、コンピュータウィルスなど）
● 政治リスク（制度改正など）
● 経済リスク（為替変動、景気変動など）
● 財務リスク（資金繰り、支払能力など）

② 優先順位づけ

①でリスクのリストアップができたら、それらのリスクがどの程度重大なのかを順位けすることが大切です。リスクが現実のものになった場合の影響の大きさとリスクの発生確率とを乗じたものが、順位づけの1つの基準になります。

③ 対策の決定

②で順位づけをしたうえで、優先順位の高いものから、対策を検討していくことになります。この際には、リスクを回避する、リスクを軽減するなどの具体的な方針を決めていきます。リスク管理の成果物としては、リスク管理に関する規定の制定、危機管理体制の構築、マニュアル作成などが考えられます。

3 危機管理の方法

① 組織の構築

実際に危機が生じてしまった場合は、まずは、危機に対応するための組織をいち早く構築することが重要です。そのためには、平時から、危機発

生時に対応する責任者・協力者を決めておくなど事前の準備が必要です。危機の内容や重要性によっては、外部の有識者で構成される第三者委員会を組織することも検討すべきです。

②　情報管理・各所対応・復旧活動

　次に、情報を把握して適切に管理すること、適時に関係者に共有すること、関係当局に報告すること、顧客や社会に情報発信すること（謝罪会見も含みます）が大切です。特に、企業にとって都合の悪い情報を隠ぺいすると、後でより大きな企業批判につながることもありますので、情報発信は細心の注意が必要です。

　その上で、実際に人を動かして復旧活動をすることになります。復旧活動は組織の構築がきちんとできていることが前提になります。場合によっては、外部の業者や専門家に協力を求めることも検討すべきです。

③　再発防止策の構築

　最後に、同じ危機を二度と生じさせないために、危機発生の原因分析、より良い復旧活動のあり方などについて検討して、次に活かす必要があります。場合によっては、この再発防止策を社外に公表して、社会的信用を回復することも検討すべきでしょう。

3

契約書作成の予防法務

　企業間のトラブルや紛争の多くは、取引先等との契約に際して、口約束のみで契約書が作成されていなかったり、あるいは契約書を作成しても必要な条項が欠けていたりすることが原因です。適切な契約書が1枚あるだけで、数多くの紛争やトラブルを未然に防止できます。そこで、契約書の作成は予防法務の観点から特に重要なものといえます。

　本章では、主要な取引類型ごとに、契約書を作成するにあたって最低限押さえておきたい重要なポイントについて解説します。

(1)　売買契約書の作成

Q

ある取引先に、大型の機械を納入することになりました。高額の取引
ですので、契約書を作成しておきたいのですが、どのようなことに注
意すべきでしょうか。

A　売主側としては、売買目的物とその目的物に求められる性能・
仕様など明確にしたうえで、納品後に不備が判明した場合の対
応方法、納入後の検査、代金の支払方法、損害賠償の範囲などについ
て、売主側の実情を踏まえた内容で取引に合意しましょう。

解　説

　売買は最も基本的な取引の1つとして日常的に行われていますが、企業
間での売買契約については、高額の取引が行われることも多く、各取引や
立場に応じた契約書を必ず作成するようにしましょう。

　そうしなければ、万が一、商品に不備が発見された場合や代金の回収が
滞った場合などに、解決のために無用な時間とコストが必要となり、また、
解決ができなければそのまま大きな損害が生じるからです。

　以下では、売買契約のポイントについて整理して説明します。

1　目的物の内容や性能を正確に記載する

　売買する目的物について、品名、型番、仕様、品質、製造元など、その
目的物を特定することが重要です。そのうえで、その性能などについても、
出来る限り細かく記載して、売主と買主の齟齬をなくしておくことが不可

欠です。

　例えば、売主はそこまでの性能は保証していなかったが、買主はそこまでの性能を期待していたという場合、裁判になれば、契約書（その他契約に至るまでの目的物に関する資料）にどのような記載があるかということが裁判の勝敗を分けることになります。

2　実情に即した受入検査方法と期間を定める

　売主としては、実情に即した受入検査の方法や期間を定めておくべきでしょう。

　この点、商取引に関する原則的なルールを定めた商法では、買主は、その売買の目的物を受領したときは、遅滞なく、その物を検査しなければならないとされています（商法526条1項）。

　そのうえで、検査により売買の目的物が種類、品質または数量に関して契約の内容に適合しないことを買主が発見したときは、直ちに売主に対してその旨の通知をしなければ、その不適合を理由とする履行の追完の請求、代金の減額の請求、損害賠償の請求および契約の解除をすることができないとされています（商法526条2項本文）。また、仮に直ちに発見できないような場合であっても、6か月以内にその不適合を発見して通知しなければならないとされています（商法526条2項但書）。したがって、契約書に何も記載されていなければ、このような取扱いとなります。

　しかし、売主としては、「遅滞なく」とはどの程度待てばよいのか不明確であって不都合が生じる、あるいは6か月もの間責任を負うというのは期間が長すぎるといったことがあると思います。

　そのような場合は、（もちろん製品の種類などにもよりますが）3日以内の検査を義務づけたり、発見が難しい場合でも1か月程度にしたりするなど、できる限り早期に責任の有無を確定させておくべきでしょう。

3　代金の支払時期を明確にする

　買主としては、代金の支払時期を定めておくことが重要です。契約書を作成していなければ、原則として、契約と同時に代金を支払う義務を負うことになりますが、目的物の引渡しがないにもかかわらず、先に代金を支払うというのは合理的でないことがあります。そこで、通常は、目的物の引渡しと同時、あるいは一定の期日までに代金を支払うべきことを契約書で定めておくことになります。

　売主としては、代金の支払時期を明確にしておくことが重要です。例えば、買主が契約書を作成した場合、目的物に問題がないことが確認できたときに代金を支払うなどといった定めがなされることがあります。

　しかし、このような定め方では、いつ代金が支払われるのか不明確といえます。そこで、売主としては、目的物の引渡しまでに、それが困難でも引渡し後可能な限り早期に支払を受けられるよう、支払時期を明確にしておく必要があります。

　なお、売主としては、代金の支払が遅延した場合に備えて、遅延損害金の定めをしておくことも有効です。

4　所有権移転の時期を定める

　契約書を作成していなければ、原則として、契約と同時に所有権が移転します。代金の支払や引渡しの有無にかかわらず所有権が移転するというのは、当事者にとって想定外である可能性があります。そのような場合、特に売主としては、契約書において、所有権移転の時期を定めておくことが有効です

5　契約不適合責任の範囲を契約によって変える

　引き渡された目的物が種類、品質または数量に関して契約の内容に適合しないものである場合、民法上、売主が契約不適合責任を負うとされています。具体的には、買主は、売主に対し、目的物の修補、代替物の引渡しまたは不足分の引渡しによる履行の追完を請求することができます（民法562条）。

　また、履行の追完を求めた期間内に追完がないときは、その不適合の程度に応じて代金の減額を請求することもできます（民法563条）。そのほか、買主は、契約を解除することや、損害が発生した場合には損害賠償請求をすることもできます（民法564条）。

　契約書で何も定めていなければ、売主は、上記のような責任をすべて負うことになりますが、契約書に記載して当事者間でこれとは異なる合意をすることもできます。そこで、売主としては、上記のような責任のうち、販売した目的物の実情に応じて、実際に果たすことのできる範囲に責任を限定しておくべきといえます。例えば、修繕が難しい製品であれば、代替物の引渡しや代金減額のみに限定することを記載しておくべきです。

　また、契約の解除や損害賠償をされては困る商品であれば、修繕、代替物の引渡し、あるいは代金減額に限定するなど、売主が現実に対応可能な範囲に限定することを契約書に明記するようにしてください。

6　損害賠償の範囲を限定しておく

　以上で述べた契約不適合責任や目的物の引渡しができないなどの債務不履行責任が認められた場合には、売主は、買主に対して、損害賠償責任を負います。

　この損害賠償責任に関しては、契約書に何も記載がなければ、買主に生

じた損害のすべてを賠償する責任を負います（民法415条）。これには、売主が予見できた事情に基づく拡大損害も含まれ、賠償額が膨らむケースも少なくありません。

　しかし、この賠償の範囲も、契約書に記載して当事者間で異なる合意をすることが可能です。そこで、売主としては、売買で得られる利益が目的物の代金の範囲にとどまることとの均衡で、損害賠償の範囲を代金額の範囲に限定しておくことも有効であるといえます。

(2)　取引基本契約書の作成

Q

取引先から要望を受けて、継続的に当社の製品を仕入れてもらえることになりました。その都度契約書を作成するのも手間ですので、取引基本契約を作成しておきたいと思います。取引基本契約を作成する場合の注意点を教えてください。

A　売主が被るリスクを回避または最小限にするために、安易にひな型を使用することや、相手方から提示されたものにそのまま捺印することは避け、個別契約、価格の定め方、支払方法、納入遅延および契約期間など、会社の実情に即した取引基本契約書の内容を定めるようにしましょう。また、知的財産権の保護や独占禁止法・下請法に配慮することも必要です。

解　説

1　取引基本契約とは

　企業間で反復継続して行われる取引については、その都度契約書を締結するとたいへん煩雑になってしまいます。そのため、発注方法、納品方法、支払方法、不具合が発生した場合の対応など、共通で適用される事項をあらかじめ定めておくことは有益であり、そのような場合に作成される契約書が取引基本契約書です。

　取引基本契約書は多くの企業において締結されていますが、取引の実情を反映させることなくひな型をそのまま利用したり、相手方から提示され

たものにそのまま捺印したりして、結果的に不利益を被るケースも多くあります。

そこで、以下では、取引基本契約で最低限チェックしておくべきポイントについて整理して説明します。

2 個別契約の定め方

まず、重要となるのが個別契約の定め方です。継続的な取引においては、基本契約をベースにして個別の売買契約を締結しますが、個別契約がどのような場合に、どの時点で成立するかについて、取引の実態を踏まえて定めておくべきです。

例えば、買主が売主に注文書を送付し、売主から一定の期間内に回答がなければ、自動的に契約が成立したとみなすといった定めがなされることがあります。買主には都合がよいですが、売主としては不都合が生じることがありますので、その場合には、売主が買主に受注書を送付した時点で契約が成立するといった定めをしておくべきでしょう。

3 価格の定め方

取引価格は、売主にとっては生命線ともいえる重要な要素です。買主側が提案する取引基本契約書では、契約期間中の取引価格を、一定額で固定して定めている場合もありますが、これでは、価格変動や経済情勢の変動に対応できず、売主側は大きな負担を強いられるリスクがあります。

新型コロナや海外からの輸入コストなど、どうしても売主側でコントロールできない事情もありますので、売主としては、価格については、取引ごとに個別契約で定めるとしておき、価格が合わない場合には受注しないという対応で、利益を守るべきでしょう。

4　支払方法および支払の確保

　支払方法については、一般に、締め日と支払日を定めます。この点、買主としては、仕入れた商品を販売して現金化するまでの期間を踏まえて、資金繰りが悪化しないような支払期限を求めると思いますが、売主としては、商品を買主に引き渡す以上、代金回収リスクを軽減するため、支払期限は可能な限り早めに設定しておくべきでしょう。

　また、代金回収リスクに備えて、初めての取引の場合、信用に不安がある場合、あるいは高額の取引の場合などには、取引開始時に、取引保証金を預かっておくことも有効です。企業倒産の場面や取引先の信用悪化時に、取引保証金により売掛金が保全された例は多くあります。

　そのほか、買主の債務不履行などで契約が終了した場合には、未払いとなっている売掛金が直ちに全額回収できるようになるよう、一定の事由が生じたときには、直ちに一括で返済する義務が生じるよう期限の利益喪失条項を設けておくことも重要です。

5　納入遅延の場合の損害賠償責任

　昨今の異常気象や天変地異などを踏まえると、売主が最善の注意を尽くしていても納入遅延が生じる可能性があります。もちろん、天変地異などの不可抗力であれば、最終的に売主が免責される可能性は高いといえますが、買主が提示するひな型では、免責事由などが一切定められていないものも散見されます。

　売主としては、納入遅延が生じた場合については、不可抗力の場合は免責されること、原因不明のときの賠償責任は双方協議で定めることなどを定めておくことが重要です。

6　契約期間と自動更新条項の有無

　取引基本契約書では、契約期間や更新の定め方も重要です。例えば、当該取引を希望したのが買主側であれば、できる限り長期間の契約で、自動更新条項、解約時の予告期間は6か月前や1年前という長期間を設定してくるでしょう。

　すでに信頼関係が形成されている企業間であれば大きな問題はないかもしれませんが、初めて取引をする会社や、取引期間の短い会社が買主となる場合には、売主としては、できる限り短期間で設定し、場合によっては自動更新条項を定めないことも検討すべきです。

　なお、注意点として、契約の自動更新によって取引期間が長期化していく場合、当事者に当該契約が継続するという信頼が生じ、売主から継続的に供給が受けられる前提で、買主が販路の拡大や設備投資を行っていく場合もあります。

　そのような場合、判例上は、当事者の信頼について一定程度保護すべきとして、売主側からの期間満了による契約の終了が制限されることがあります。したがって、リスクのある取引先との取引は、自動更新とせずに、都度契約書を作成したり、あらかじめ契約期間を短期にしたりして、予防しておくことも重要です。

7　知的財産権の帰属・保護

　売主が販売する商品について、他社に真似されたくない技術やノウハウが含まれている場合には、知的財産権が売主に帰属することを明確にした上で、守秘義務条項や第三者に移転することを禁止する条項を入れておくことが重要になります。

　また、販売時に、売主のロゴマーク（商標）を使用することを許諾する場合もありますが、この場合、ブランドの維持のため、改変・加工製品に

は商標を付さないことや、転売先に無断で使用させないことなどを契約書に明記しておくべきでしょう。

8 コンプライアンス上の観点から注意すべき条項

ブランドや価格維持のために、買主の転売価格を一定額以上とするように求めたり、インターネット販売を禁止したりするような条項を設けている例があります。

しかし、これらは、一部の例外的場合を除いて、原則として独占禁止法違反となる可能性が高いといえます。仮に、ひな型としてこのような契約書を提示すると、売主自身がコンプライアンスを遵守できていない会社として信用を損なうことになりますので、直ちにひな型は修正すべきです。

また、ブランドや価格維持のための戦略については、独占禁止法のほか、下請法の観点からも注意を要しますので、弁護士などの専門家に相談して慎重に対応してください。

法務ワーク〜Home Work〜 ● **多くの契約書に共通する チェックポイント**

企業が事業を行うにあたっては、様々な契約書を作成する機会があります。契約の種類によって検討すべき内容が異なりますが、ここでは多くの契約書に共通して問題となることが多い条項について、その留意点を整理して説明します。

1 譲渡禁止特約

契約に関係する権利義務や契約上の地位を相手方の承諾なく譲渡することを禁止する旨の条項です。民法上は、中小企業の資金調達の便宜も踏まえて、債権譲渡自由の原則が認められており、譲渡禁止特約がなされていることについて悪意または重大な過失がない限り、債務者は、債権を譲り受けた者からの請

求を拒むことはできないとされています。

それでも、債務者の立場からは、第三者に譲渡されたくないということもあります。その場合には、例えば、譲渡禁止特約を入れておいたうえで、無断譲渡を解除事由とすることで抑止的な効果を期待することが考えられます。

2　暴力団排除条項

取引の相手方が暴力団などの「反社会的勢力」ではないことを表明、保証させたうえで、これに違反していた場合に、無条件で契約解除ができることなどを定めておく条項です。法務省から出された「企業が反社会的勢力による被害を防止するための指針」などを踏まえて、近年、各業界や企業が暴力団の排除に向けた取組みを徹底しています。

反社会的勢力との取引は発覚するだけで、銀行取引や証券取引ができなくなる場合もあり、企業の信用やブランド価値低下のリスクもあるなど、会社経営にとって深刻な被害を生じることになります。したがって、かかる規定は必ず入れておくべきでしょう。

3　管轄合意

管轄合意とは、契約に関連する法的紛争が発生した際に、訴訟等を提起する裁判所を事前に合意しておくものです。基本的には、裁判は相手方（被告）の住所地に提起することになりますが、かかる合意を定めておけば、その合意で定めた裁判所にも提起することができるようになります。

例えば、東京の会社と大阪の会社が契約する際に、名古屋地方裁判所を「合意管轄裁判所」と記載しておけば、名古屋地方裁判所でも裁判をすることが可能となります。

さらに進んで、ある1つの裁判所でしか裁判できないように定めておくこともできます。この場合、単に、「合意管轄裁判所」と記載するだけでは足りず、ある裁判所を「専属的」合意管轄裁判所とすることを明記しておく必要があり

ます。契約締結時の交渉力の差にもよると思いますが、取引相手からひな型を
提示された場合には、相手方の本店所在地の裁判所が指定されている場合も多
く、注意深く確認するようにしましょう。

4　協議条項

　契約条項に定めのない事項について、当事者の協議で定める旨を合意してお
く条項です。これは、相手方との任意の協議による解決を促すため、確認的に
規定しておくことが多い条項であるといえます。

(3) 賃貸借契約書の作成

Q

会社が所有している建物を、第三者に賃貸することになりました。賃貸借契約書を作成する際に注意しておくべきことを教えてください。

A 建物の賃貸借契約は、借地借家法などにより、借主が手厚く保護されています。したがって、貸主側のリスクを十分に把握したうえで、それを最小限に抑え、貸主の意向に沿う契約書を作成するようにしましょう。

解　説

1　法定更新への対応

　建物の賃貸借契約には、借主を保護するための特別の法律である借地借家法が適用されます。

　中でも重要なルールの1つが法定更新です。すなわち、契約で合意した賃貸期間が満了したとしても、期間満了の3か月前に賃貸人から賃借人に契約の更新を拒絶する旨の通知をして、なおかつその更新拒絶に正当な事由があると認められない限り、契約は自動的に更新されてしまいます（借地借家法26条）。

　正当な事由の有無は、賃貸人が建物の使用を必要とする事情、賃貸借に関する賃料の支払状況、建物の利用状況、建物の老朽化の有無のほか、賃貸人から賃借人に支払われる立退料を総合考慮して決定されます。

　立退料の支払なくして、契約の更新拒絶に正当な事由が認められるのは

かなりハードルが高く、どうしても契約を終了させて退去してもらいたい
場合には、多額の立退料を準備しなければならなくなります。

　そこで、賃貸人としては、将来の建物利用計画があるなど、短期間の賃
貸借を望む場合には、法定更新が適用されない定期建物賃貸借を締結する
必要があります。定期建物賃貸借を有効に成立させるには、公正証書等の
書面で合意することや、契約前に書面で説明をすることなど一定の条件が
ありますので（借地借家法38条）、弁護士などの専門家に相談しておくほう
が安全でしょう。

　また、取壊し予定の建物を賃貸する場合（借地借家法39条）や、催事やイ
ベントなどごく短期間の賃貸をする場合（借地借家法40条）も、一定の要件
を満たせば、法定更新は適用されませんので、これらの実態に合致してい
れば定期建物賃貸借を活用してもよいでしょう。

2　更新料を請求する場合は、有効な更新料条項となっ
　ているか確認する

　契約の更新時に、賃貸人から賃借人に更新料を請求する旨の条項が定め
られることがありますが、借主が非事業者の個人である場合には注意が必
要です。

　すなわち、更新料条項は、①賃貸借契約書に一義的かつ具体的に記載さ
れていない場合、②更新料の額が高額過ぎる場合には、消費者契約法10条
により無効とされてしまいます（最判平成23年7月15日・民集65巻5号2269頁）。

　そこで、更新料条項を定める場合には、明確に、かつ相当な金額の範囲
内で定めておく必要があります。なお、参考までに、この最高裁判例では、
更新期間が2年の事例で、更新料を賃料の1か月分と定めたものは有効と
しています。

3　敷金・保証金は家賃の3.5か月分程度を目安とする

　敷金（保証金と記載した場合も実態が敷金であれば、敷金と同様に取り扱われます）については、いわゆる敷引条項（明渡しの際に一定額を控除して返金するという条項）を設けることが多いです。

　これも、通常損耗等の補修費用として通常想定される額、賃料の額、礼金等他の一時金の授受の有無等を踏まえ、高額に過ぎる場合には、消費者契約法10条により無効とされる可能性がありますので、敷引きの額を定める場合には注意してください。なお、参考までに、上記の最高裁判例では、敷引き額を家賃の3.5か月分と定めたものは有効としています。

4　無催告解除特約を定める

　賃貸借契約の解除は、賃料が滞納された場合に、催告を行い、催告期間が経過しても支払がなく、かつ、信頼関係を破壊するような事情があって初めて認められることになります。

　しかし、賃貸人としては、例えば、賃借人が迷惑行為をした場合、罪を犯した場合、所在不明になった場合、連帯保証人がいなくなったときに速やかに新しい連帯保証人と契約ができない場合などにも賃貸借契約を解除したいと考えるのが通常です。

　そこで、一定の禁止事由を明示したうえで、それに反する場合には催告をしなくても解除権が発生するように、無催告解除特約を定めておくとよいでしょう。無催告解除特約があっても、信頼関係が破壊されたと評価される事情が必要であることに変わりはありませんが、禁止事由を明示しておくことには、紛争予防や紛争の早期解決の観点からも意義があるといえます。

5　原状回復義務の定め方

　賃借人の居住、使用により発生した建物価値の減少のうち、賃借人の故意・過失、善管注意義務違反、その他通常の使用を超えるような使用による損耗・毀損は賃貸人が復旧すること（賃貸借契約終了時の原状回復義務）とされています。

　すなわち、経年劣化や通常使用していれば損耗する部分（以下「通常損耗」といいます）の修繕については、賃貸人が賃料で回収しておくべきものであり、原則として賃貸人が負担すべきとされているのです。この原状回復の範囲については、誤解されることが多いです。賃貸人としては、通常損耗の一部または全部の修繕を賃借人に負担させたいのであれば、その負担の範囲を契約書で相当詳細に、かつ具体的に記載しておかなければなりませんので、弁護士などの専門家に相談するべきでしょう。なお、原状回復に関する基本的な考え方については、国土交通省によって作成された「原状回復トラブルガイドライン（再改訂版)」が参考になります。

6　賃料相当損害金を賃借人に請求できるようにする

　賃貸人としては、賃貸借契約が終了しても賃借人が退去しないという事態も想定されます。そのような場合、新たに他の賃借人に賃貸することができず、賃貸人には賃料相当の損害金が生じると考えられますので、これを賃借人に請求することが認められます。

　さらに、この損害金の額は、契約書であらかじめ合意しておくことができますので、通常の賃料よりも高額に定めておくことで、任意の明渡しを促すことも期待できます。ただし、あまり高額にすると、消費者契約法10条により無効とされるリスクがあります。この点、裁判例では、賃料の2倍程度であれば有効とされていますので、賃料相当損害金を2倍程度と定めておけば、基本的に無効とされることはないでしょう。

(4)　請負契約書の作成

Q

当社では、取引先からシステム開発に係る発注を受け、これを開発したうえで成果物を提供するという業務を行っています。受注時に契約書を作成するにあたって、どのようなことに気をつければよいでしょうか。

A

契約書で完成させるべき成果物を明確に定めることに加え、納品後に成果物の不備が判明した場合の対応方法、損害賠償の範囲、成果物に関する知的財産権の帰属、成果物の保証の範囲について明記しておくことが重要です。

解 説

1　成果物を明確に定めておく

　請負契約は仕事を完成させて引き渡すことが受注者の義務となりますので、何が成果物であるかを明確に定めておくことが重要です。

　特に、本件のようなシステム開発契約では、高額の契約になることも多い一方で、双方が完成物のイメージを共有しにくい側面があり、相互の認識に齟齬が生じていたために、トラブルに発展するということがよくあります。

　そこで、こういったトラブルを予防するためには、契約書で完成させるべき成果物を明確に定めておくことが何よりもまず重要となります。この点を踏まえたうえで、以下では、システム開発の契約書を作成するにあ

たってのポイントを紛争予防の観点から整理します。

2　システム開発契約書作成の具体的な要点

①　成果物と対価の関係性を明記する

　システム開発やホームページ制作などの請負契約でよくあるトラブルの
1つは、「完成したかどうかがわからない」というものです。発注者は
「まだ機能が不十分だから未完成である」と主張し、受注者は「むしろ追
加費用をもらいたいくらいだ」と主張するようなケースが典型です。

　そのため、契約締結時に、どこまでの内容の成果物が対価に含まれてい
て、どこからの内容が追加費用の対象になるのかを契約書で事前に明確に
しておく必要があります。

②　具体的な仕様を書面化する

　開発という業務の性質上、契約を締結して開発に着手した後に多少の変
更が生じることはやむを得ないところですが、契約締結段階でも、可能な
限り開発予定のシステムの仕様を書面で具体的に定め、要件定義の期限を
明確にしておく必要があります（この種の契約に関連する裁判例では、書
面化された仕様書や要件定義書が最も重要な証拠とされています）。

③　請負代金の支払方法

　受注者としては、開発にあたって高額の資金が必要で、なおかつ完成ま
でに一定期間を要するような場合には、例えば、契約時に契約金として請
負代金総額の一定割合の前払いを受け、完成時に残りの代金の支払を受け
られるような分割払いの条項を定めることを検討する必要があります。

④ 納品後に成果物の不備が判明した場合の対応を明記する

成果物が契約の内容に適合しない場合には、受注者の契約不適合責任として、発注者は、受注者に対して、成果物の修補、代替物の引渡し、不足分の引渡し、代金の減額、損害賠償または契約解除という対応の中から1つまたは複数の対応を求めることができるのが原則です。

しかし、当事者間であらかじめ合意しておけば、受注者は、その対応を上記のいずれかに限定することも可能です。例えば、「代金の減額は行うが、それ以外の対応は行わない」と明記することも可能です。受注者としては、開発対象の具体的内容や社内リソース等を勘案し、現実的に取り得る対応のみに限定して、成果物に不備があった場合の対応を契約書に記載しておくべきです。

⑤ 損害賠償の範囲を限定する

開発が遅れたり頓挫したりすると、発注者から高額の損害賠償を求められるリスクがあります。すなわち、システムやホームページの作成は、発注者のビジネスの根幹になることも多いため、逸失利益（システムやホームページが完成していれば得ることのできた利益）に係る損害額が膨らみ、賠償金が多額に上るリスクがあるのです。

そのため、受注者としては、契約書で、「賠償範囲は報酬の額を上限とする」などと限定することが多いといえます。これに発注者が納得しない場合は、受注者は「受託者に故意・重過失がある場合は上限を適用しない」などの譲歩を見せて妥協点を探ることになります。

⑥ 知的財産権の帰属を明らかにする

システム開発やホームページ作成などでは、知的財産権の帰属について定めておくことも重要です。受注者としては、成果物に係る知的財産権は、報酬の全額支払時に発注者に移転させる形にしておくべきでしょう。

また、汎用性のあるプログラムの著作権や特許権といった受注以前から

有していた知的財産権については、発注者に移転させないことを明記した
うえで、成果物の使用に必要な限度で実施を認める旨の記載をしておくべ
きです。

3　紛争予防のポイントは受注者のプロジェクトコントロール

　システム開発等においては、受注者が発注者からの五月雨式の要望を受
けて、無報酬でそれに付き合って修正を重ねるということが少なくありま
せん。しかし、時にはそれが仇となり、発注者から「期限内に開発が終わ
らなかった」「修正したということはミスを認めている」などとして、契
約解除や損害賠償を求められるケースもあります。

　この点、受注者は、発注者から見ると、システム開発等の専門業者であ
り、その業界のプロフェッショナルであると位置づけられます。受注者は
発注者の素人的な要求をすべて鵜呑みにしてはならず、要望通りに修正す
ると納期が遅れることを注意喚起したり、時にはその修正は次回の改修時
に先送りすることを勧めたりする義務を負う場合があると考えられていま
す（これを「プロジェクトマネジメント義務」といいます）。受注者は、
このようなプロジェクトマネジメント義務の観点からも、開発をコント
ロールすることが重要となります。

　また、議事録の重要性についても述べておきます。システム開発等では、
開発中の変更が不可避なことも多いですが、開発着手後は、発注者との打
ち合せごとに必ず議事録を作成しておき、変更内容のみならず、それによ
り代金や納期を変更した場合はその旨も明記し、都度、発注者と共有して
おくことが紛争予防にとって効果的です。

(5) 業務委託契約書の作成

Q

今般、当社では、不動産の管理業務を受託することになりました。そこで、管理業務についての業務委託契約書を作成しようと思うのですが、注意すべき点について教えてください。

A 業務委託契約では、受託する業務の範囲を明確にすることが最も重要になります。そのほか、委託料金の定め方、再委託の可否などに注意します。

解 説

　何らかの成果物の提供や結果を保証するものではなく、管理業務などの一定の業務を受託してサービスを提供する契約のことを、（準）委任契約、あるいはより一般的に、業務委託契約といいます。業務委託契約は仕事の完成・引渡しを目的としていない点で請負契約とは異なります。業務委託契約か請負契約かは形式的な契約の名称ではなく、実質的な契約の内容によって判断します。

　以下では、業務委託契約書を作成するにあたってのポイントを整理して説明します。

1　業務の範囲を明確にする

　業務委託契約においては、受託者としては、受託する業務の範囲を契約書で明確に定めておくことが最も重要になります。

　例えば、不動産の管理といっても、テナントの募集・選定、契約・更新

手続、賃料収納の代行・送金、修理・修繕の手配、清掃、各種機械設備の点検・保守、保安、各種届出、行政対応、不動産活用のコンサルティングなど、様々な業務が想定できます。こういったものを列挙して記載したうえで、「これらに付随関連する一切の業務」という定め方をしてしまうと、契約書上は業務の範囲について明確な限界がなく、ありとあらゆる業務を行う義務が生じてしまう可能性があります。

　したがって、業務委託契約においては、業務の範囲を明確にしておくことが重要であり、受託者としては、できる限り限定された範囲の業務を明記しておくことが望ましいといえます。そのうえで、明記した業務以外の業務が発生する可能性がある場合には、追加料金が発生することを明記しておくといった対応が考えられるでしょう。

　なお、以上のことは管理業務に限らず、あらゆる業務に関する業務委託契約においても基本的に当てはまります。例えば、システムメンテナンス契約やコンサルティング契約といった業務委託契約でも、以下で述べるとおり、業務の範囲を明確にすることが重要となります。

　システムメンテナンス契約では、保守対象は特定のアプリケーションやソフトウェアのみなのか、ハードウェアを含む全体なのか、保守対応時間は平日のみか土日祝日も含むのか、駆付け対応（オンサイト）とするのか遠隔対応（オフサイト）とするのか、具体的な保守業務はバグ修理、セキュリティ対応、一次切分けの実施、運用支援のどこまでなのかなどについて、契約書で限定的に記載して、業務の範囲が無制限に広がることがないように注意する必要があります。

　コンサルティング契約では、業務の範囲を「経営・財務に関する事業改善提案全般」といった広範なものに設定してしまうと、委託者から何の相談をされなくても、受託者から積極的に様々な提案をしなければ契約違反ということになりかねません。

　そこで、業務の範囲を「委託者からの具体的な相談に対する経営・財務

に関する助言」といった限定的なものにしておくことが考えられます。

2　委託料金を明確に定める

　業務の対価である委託料金については、どの業務に対してどのような料金が発生するのかを明確に定めておく必要があります。また、業務の遂行に必要な実費が生じることがありますので、その取扱いについても明記しておく必要があります。

　受託者としては、事前に必要な実費が見込める場合には、それも含めて委託料金を設定することも考えられますが、例えば、不動産の賃貸管理では、遠方の物件の現場確認や明渡しの立会いなど、不定期に業務が発生する可能性があり、それらをすべてあらかじめ委託料金に含めておくことは困難です。

　また、修理業者や清掃業者などの外注費用が生じることもあります。したがって、これらの実費については、委託者が別途負担することを明記しておく必要があります。

　また、契約が中途で終了する場合の取決めをしておくことも有効です。すなわち、報酬を受領することが合意されている業務委託契約では、受託者は、契約が途中で終了した場合であっても、それが受託者の責任によるものではない限り、履行割合に応じて報酬を受領することができるとされていますが、実際には、履行割合が争いになる場面もあり得ます。したがって、可能であれば、契約書であらかじめ具体的な業務内容とそれに対応した報酬割合を明記しておくことが望ましいといえます。

3　再委託の可否を明らかにする

　業務委託契約では、通常、受託者は、やむを得ない事由がなければ、委

託者の許諾を得ない限り、他の者に業務を再委託させることができないと
されています。そこで、受託者としては、受託した業務の一部または全部
を第三者に再委託することが見込まれる場合には、再委託が許容される旨
を契約書で定めておく必要があります。

　なお、すでに再委託先が決まっている場合には、その再委託先を契約書
に明記しておくということも考えられます。

(6) 金銭消費貸借契約書の作成

Q

販売先の売掛金の支払が滞ったので、分割弁済の確認書を作成しよう
と思います。注意すべきことはないでしょうか。また当社では、従業
員に対してお金を貸すこともあるのですが、借用書を作成する際に気
をつけることを教えてください。

A まずは契約書を取り交わすとともに、そこで返済期日・返済方
法、違約があった場合の期限の利益喪失条項を明記しておきま
しょう。また、利息や遅延損害金について明記することも必要です。
さらには、支払が遅滞した場合に備えて、連帯保証人や物的な担保を
確保しておくことも有効です。

解　説

1　金銭消費貸借契約書（借用書）を作成する場面

　企業活動においては、金融機関から金銭を借り入れることがありますが、
逆に、取引先が支払を遅延した場合や従業員から要望があった場合などに、
貸付けの処理を行うこともあります。

　また、あってはならないことですが、従業員が会社の金銭を横領し、そ
の損害を賠償させるために分割支払の書面を作成するということもあり得
ます。このように、会社が金銭を貸し付ける場合や分割払いによって金銭
を回収する場合には、必ず金銭消費貸借契約書を作成するようにしましょ
う。

　以下では、トラブル防止のために、金銭消費貸借契約書を作成するにあたって留意していただきたい点を整理します。

2　契約条項で確認すべきポイント

①　返済期日・返済方法

　まず、いつまでに貸付金を返済するのかという期日を明確に定めておく必要があります。そのうえで、返済方法として、一括で返済をするのか、それとも分割で返済をするのかも定めます。

　分割で返済することを合意する場合には、貸主としては、支払の遅延その他の信用不安に関する事由が生じたときに、期限の利益（分割支払の猶予）を失わせて、一括弁済を義務づける条項（期限の利益喪失条項）は設けておくべきでしょう。

　例えば、総額180万円につき、3年分割、毎月5万円ずつ弁済するという条件で合意したときに、2回だけ分割の支払をして支払が止まった場合、この条項がないと期限の利益は残りますから、その後も毎月5万円ずつしか支払を求められず、借主の支払能力が低下していても、何の対応もできないことになってしまいます。

　期限の利益喪失事由としては、一定額や一定回数の支払の遅延のほか、債務者が音信不通になったことや所在不明となったことなどを記載しておくこともありますが、具体的に想定される場面を考えて、様々な工夫をしておくことが、より良い契約書になると思われます。

　なお、期限の利益は、特定の事由が発生したときに、請求（通知）により喪失させることもできますが、当然に喪失すると定めることもできます。支払時期が到来すると消滅時効の進行が開始するので、すぐに取立てを開

始したいときは、時効管理に留意しつつ、「当然喪失」としておくべきで
しょう。

② **利息・遅延損害金**

　利息や遅延損害金について、明確に定めておく必要があります。相手と
の関係次第では、利息を取らない場合もありますが、利息の支払を求める
場合には、その旨明記しておく必要があります。ただし、利息制限法の定
める利率（元本10万円未満のときは年20％、10万円以上100万円未満のと
きは年18％、100万円以上のときは年15％）が上限となることに注意が必
要です。

　なお、利息の有無にかかわらず、支払遅延時の遅延損害金は明記してお
くべきです。支払が遅延すると、会社としても取立てコストや債権管理コ
ストが増加します。また、契約違反時のペナルティを与えることで間接的
に期限内の支払を促すため、遅延損害金の定めは有効だからです。
　ただし、金銭の貸付けを行う場合の遅延損害金の上限は、上記利息制限
法の1.46倍（元金額に応じて21.9％から29.2％まで）が上限となります。
他方で、従業員が横領した場合の損害賠償金の分割払いの場合などは、上
限はありませんが、あまりに高額な場合、公序良俗違反として無効になる
可能性がありますので、上記利息制限法の範囲内にしておくのが無難で
しょう。

③ **担　保**

　そのほか、相手の支払が滞った場合に備えて、担保を確保しておくこと
も有効です（→②⑩83頁参照）。

3　公正証書の作成

　以上で挙げた契約条項のほか、実際に支払の遅延があった場合に、速やかに強制執行ができるよう、契約書を公正証書として作成しておくことは効果的ですので、検討されることをお勧めします。仮にその場で公正証書にできなくとも、一定期限内に公正証書にすることおよびその作成費用を借主負担とすることなどを合意しておくことも有効です。

(7) 保証契約を締結する際の注意点

Q

会社が所有している物件を第三者に賃貸することになりましたが、賃料を滞納した場合に備えて、連帯保証人をつけてもらいたいと考えています。賃貸借契約書に連帯保証の条項を設けて、連帯保証人の捺印をもらっておけば問題ないでしょうか。

A 保証契約に関する基本的なルールを踏まえて作成しないと、契約が無効とされてしまう可能性があります。また、保証人に対する情報提供義務にも注意が必要です。

解　説

1　書面で作成する

まず、重要な点として、保証契約は、書面で作成しなければ無効となりますので（民法446条2項）、必ず保証契約書を作成してください。

なお、保証の対象となる契約書の中に連帯保証に関する条項を記載して、連帯保証人の署名捺印をもらう形式でも、書面の作成という点では問題ありません。

2　連帯保証契約とする

次に、保証契約については、単なる保証ではなく、「連帯」保証とすることに留意してください。連帯保証契約ではなく、単なる保証契約を締結

した場合、保証人は、債権者に対して、催告の抗弁（まずは主債務者に催告するよう求める権利）や検索の抗弁（まずは主債務者の財産に執行するよう求める権利）を主張して、反論することができます。このような反論をさせないために、単なる保証ではなく、「連帯」保証としておくべきです。

3　極度額を定める

極度額とは保証人が保証する限度額のことです。一定額の貸金を保証させる場合のように、元金、利息、遅延損害金などの債務が特定していて保証の範囲が明確といえる場合には、極度額の定めは不要です。

しかしながら、賃貸借契約の保証人のように、際限なく債務が膨らむ可能性があり、保証の範囲があらかじめ明確に定まっているとはいえない場合（そのように不特定の債務を負担する保証を「根保証」といいます）には、個人で保証人となった者に契約時には想定していなかった多額の負担を負わせる可能性があります。

そこで、そのような保証人を保護するため、個人に根保証をさせる場合は、極度額の定めが必要となり、これがない場合には、保証契約は無効となります（民法465条の2第2項）。

4　保証人に対する情報提供義務を押さえる

そのほか、保証人に対する情報提供義務にも注意が必要です。この情報提供義務は以下のとおり保証契約に関する重要な義務として法律上定められたものであり、その内容は多岐にわたります。対応を誤らないためにも、その内容をきちんと理解しておく必要があります。

① 契約締結時の情報提供義務

　まず、主債務者は、事業のために負担する債務（例えば、事業資金、買掛金、事務所や店舗などの家賃、外注費など、事業に関連する債務）を主債務とする保証契約の締結を個人に委託する場合には、その保証人に対して、主債務者の財産の状況等（財産および収支の状況、主債務以外の債務の有無、額および履行状況、その他主債務の担保に提供しまたは提供しようとしているものがあるときはその内容）について情報提供をする必要があります（民法465条の10第1項）。

　これは主債務者の義務ですが、債権者において主債務者が事実と異なる情報提供をしたことを知り、または知ることができたときは、保証契約が取り消されることになります（民法465条の10第2項）。

② 主債務者の履行状況に関する情報提供義務

　また、保証人が主債務者の委託を受けて保証した場合、保証人の請求があったときは、債権者は、保証人に対して、遅滞なく、主債務の元本および主債務の利息、違約金、損害賠償その他の債務についての不履行の有無や残額等の情報を提供しなければなりません（民法458条の2）。

③ 主債務者が期限の利益を喪失した場合の情報提供義務

　主債務者が期限の利益を喪失したときは、債権者がこれを知った時から2か月以内に、その旨を保証人に通知するなどの義務があり、これに違反した場合には、期限の利益喪失時から通知をした日までの遅延損害金は、保証人に請求することができないことになります（民法458条の3）。

5　貸金等債務の特例を押さえる

　なお、本件とは異なり、事業のために負担した貸金等債務（金銭の貸付けまたは手形の割引により負担する債務）を主たる債務とする保証契約ま

たは主たる債務の範囲に事業のために負担する貸金等債務が含まれる根保証契約は、当該会社の役員や株主等以外の個人が保証人となる場合には、公正証書により、保証人となる意思を明確にする必要があるなど、特別な規制があることに注意します（民法465条の6以下）。

(8) 秘密保持契約書の作成

Q

新たに取引を始めるにあたって、取引先と秘密保持契約を締結しておきたいと考えています。この場合、あらかじめ注意すべき点があれば教えてください。

A 秘密情報が技術に関係する場合、秘密情報が漏えい等することにより、技術が一気に陳腐化したり、他社に知的財産権を横取りされたりすることがあります。したがって、予防法務の観点からは秘密情報の重要性、秘密情報の性質、秘密情報の開示側か受領側かなどを踏まえたうえで、自社に有利な契約内容となることを考えるべきです。また、秘密情報を受領する前に、自社情報が秘密情報に混入（コンタミネーション）しないよう未然防止しておくことも大切です。

解　説

　秘密保持契約（いわゆる NDA: Non-Disclosure Agreement）は、取引をする際に開示する秘密情報（例えば、製造方法を記載した書類や設計図面などの技術上の情報や、顧客名簿などの営業上の情報が挙げられます）を、取引の目的以外に利用することや、第三者に無断で開示・漏えいすることを禁止する契約です。最近では中小企業同士の取引であっても、事前に秘密保持契約を締結することが一般的になってきました。

　秘密保持契約にもいろいろありますが、秘密情報がそこまで重要ではなかったり、秘密情報の受領側がその秘密情報を漏えい等するリスクが高くなかったりする場合には、そこまで神経質になる必要はないでしょう。

　ただ、秘密情報が技術に関係する場合においては、秘密情報の受領側に

おいて不正使用、漏えい、知的財産権の横取りをするといったことが類型的に多く見られます。以下では、この場合を想定して、秘密保持契約を締結する際の留意点を説明します。

1　秘密情報の範囲の定め方

　秘密情報の範囲をどのように定めるかは非常に重要です。これは、秘密情報そのものの重要性や、自らが情報の開示側なのか受領側なのかなどによって変わってきます。

　開示側としては、原則としてすべての開示情報が秘密情報に該当するようにすることが多いです。例えば、「文書、口頭、電磁的記録媒体その他開示の方法および媒体を問わない」とすることが挙げられます。

　ただ、あまり広く定義しすぎると、あらゆる情報が秘密情報になり、逆に秘密保持の実効力がなくなるケースも想定されますので、秘密情報が重要である場合には、上記の定義とともに、別紙で特に重要な秘密情報として具体的にリストを作成することで、受領者に注意喚起させることも有益です。

　他方、受領側としては、秘密情報に該当する場合を一定の場合に制限することが多いです。例えば、紙媒体に「Confidential」と記載したもの、メールの件名に秘密情報であることを明記したもの、口頭で提供した情報を後に書面化したものなどに限定するなどが挙げられます。

　なお、秘密情報の範囲からは、いくつか例外的に除外される場合が定められることが通常です。これについては、契約で争いになることは少ないですので、漏れがないかを確認する程度でよいでしょう。

　一般的に秘密情報から除外されるものとして、①自社がすでに保有していた情報、②すでに公表されている情報、③秘密情報に依拠することなく独自に開発した情報、④受領側の故意・過失によらないで公知となった情

報、⑤正当な権限を持つ第三者から秘密保持義務を負うことなく取得した情報が挙げられます。

2　情報混入の未然防止

また、技術上の重要な情報について開示を受けるときに、秘密情報の受領側として気をつけることは、情報の混入（コンタミネーション）です。

もともと持っていた情報と同じ情報を秘密情報として受領してしまった場合、自社がすでに保有していた情報であることを証明できなければ、秘密保持契約の不利な条件が適用されてしまうことになるためです。

これを避けるためには、秘密情報を受領する前に、

① 秘密保持契約締結前に特許出願をしておくこと
② 正式なラボノートで記録しておくこと
③ 関連する資料やデータをDVDなどに保存し、DVDを封筒やダンボールに入れて確定日付を取っておくこと（1件700円と安価です）
④ タイムスタンプの導入
⑤ 秘密保持契約の秘密情報の範囲を限定的にすること

などで対策を取っておく必要があります。

3　秘密保持義務の具体的内容

秘密保持契約の重要部分として、受領側に開示された秘密情報を保持すべき義務があることを規定します。この際、開示者側は、秘密情報の受領者を取引に関係している特定の役員や従業員に限定する、秘密情報の管理方法を指定する、管理状況を定期的に報告させるといった方策も併せて検討すべきです。管理方法の指定としては、保管場所、アクセス制限、施錠やパスワードロックなどを指定することが考えられます。この際、秘密情報の性質に応じて、具体的に実効性の高い管理方法を指定することが大切

です。

　また、一口に秘密情報といっても重要度の差異がありますので、その重要度に応じた秘密保持義務の内容にすることも考えられます。例えば、重要な秘密情報については保管庫に入れて施錠し、アクセスできる従業員を数名程度に限定し、そこまで重要でない秘密情報についてはそれよりも緩やかな管理でもよいことにするなどです。

　なお、秘密保持義務にも例外を定めることが通常です。一般的には、秘密保持義務が免除される例外として、弁護士などのアドバイザーへの開示、法令に基づく開示などが規定されます。

4　開示の目的および目的外使用の禁止

　また、開示の目的や目的外使用の禁止を定めておくことも重要です。これは受領側が秘密情報を社内で自由に使用することを防ぐための条項です。開示側からすれば、秘密情報の使用目的を広く記載してしまうと、受領側に実質的に別目的で使用されるおそれがありますので、具体的な内容に絞って記載することが望ましいです。

5　秘密保持義務違反があった場合の対応方法

　秘密保持契約では、契約で定められた秘密保持義務違反があった場合の救済方法も明記しておくべきです。具体的には、秘密保持義務に違反した場合には、損害賠償請求および差止請求を行うことができる旨を明記すること、損害賠償額をあらかじめ決めておくことなどです。

　そのほか、契約解除を定めることもあります。救済方法を具体的に定めておくことで請求できる権利の内容が明確になり、紛争になったときに開示側が受領側に対して責任追及をしやすくなります。

6　有効期間および契約終了後の措置

　最後の注意点として、秘密保持義務については、有効期間を半永久的にするような表現で記載されていることが多いですが、受領側としては、秘密保持義務を半永久的に負うことは避けたいです。秘密情報が陳腐化して利用価値がなくなる程度の年数（例：1〜5年程度）を記載することがよいでしょう。開示側にとっても、有効期間を半永久的にすると契約の有効性に疑念が生じる場合もあるので、同様です。

　また、契約終了後には、受領側に秘密情報を記載した資料を返却または破棄すべき義務を負わせる条項を規定しておくことも検討すべきでしょう。

(9) 共同開発契約書の作成

Q

他社と共同で新商品を開発するときに注意すべき点について教えてください。

A

事前に共同開発契約を締結しておくことが重要です。契約書については、安易に市販のひな型を流用したり相手方のフォーマットをそのまま使用したりすることは危険です。共同開発から自社が最大限の利益を受けるためには、自社や相手の会社のビジネス内容や技術力、自社にとっての共同開発の目的などを十分に考慮したうえで、締結時にその内容をよく練る必要があります。

解 説

1 共同開発を行う場面

　自社だけでは商品を開発できないときに、他社の技術的な協力を得ることがあります。これが共同開発です。例えば、(i)素材メーカーの新素材を完成品メーカーが評価し、素材メーカーがその評価結果をさらに改良して1つの商品を開発していくケース、(ii)異なる技術を持つ会社がお互いの技術を出し合いその成果をそれぞれの会社の商品に応用するケース、(iii)大学の研究室に研究費を払うとともに従業員を出向させて新規素材を開発するケースなどがあります。

　共同開発では、自社の技術に関する秘密情報を相手方の会社に開示したり、研究で生じた成果を共同で利用したりします。したがって、必ず事前

に共同開発契約を締結しておく必要があります。

　なお、他社の部品（市販品）を購入して自社で完成品に組み込むのはここでいう共同開発ではなく、単なる売買となります。これに対して、他社に特注品の製造委託をするのは共同開発に当たるケースもありますので、事案に応じて共同開発契約を締結するかどうか判断する必要があります。
　以下では、共同開発契約を締結するにあたって注意すべき内容のうち、特に重要なものについて説明します。

2　共同開発契約の留意点

①　研究開発の対象の明確化
　まず重要なのは、共同研究開発の対象をできるだけ明確に記載することです。研究開発の対象の明確化はターゲットを絞った共同研究のためにも、また、後述する成果の帰属・利用の対象を明確にするためにも大切です。

②　秘密保持義務
　自社が重要な秘密情報を開示する場合には、秘密情報を開示する前に、秘密保持契約を締結して、開示した秘密情報を第三者に漏えいしない義務を相手の会社に課すことが重要です（→⑤(5)248頁参照）。契約締結前に開示してしまうと、守秘義務がない状況で開示した情報として公知の情報となり、開示された側に自由に利用されてしまうためです。
　逆に、自社が相手の企業の秘密情報を多く受領する場合には、自社がすでに持っていた情報についての証明手段を検討することが大切です。そのような情報にまで守秘義務を負わされるべきではないためです。

③　目的外使用の禁止

　秘密保持義務と併せて、秘密情報を共同研究開発以外の目的で使用しないという目的外使用の禁止に関する条項も必要です。開示した秘密情報を対象となる研究開発以外に利用されてしまうリスクを避けるためです。

④　成果の帰属

　共同研究開発においては、通常、何らかの成果が得られます。成果としては、発明やノウハウ、デザイン、情報、共同で作った物（有体物）などがあります。その成果がどちらに帰属するのか、あるいは共有にするのかを明記しておく必要があります。以下では、成果の中でも最も重要となり得る特許について説明します。

　成果の帰属は事前に決めておかなければ、相手の会社が成果は自分のものだとして勝手に特許出願をしてしまうことが考えられます。また、大きな成果が得られたときほど、事後的に帰属を協議することが困難になり、紛争に発展してしまいます。

　さらに、成果の帰属については、共有にされることが多いですが、何も考えずに安易に共有にすることは危険です。特許を共有にしてしまうと、相手の会社は自由に成果を利用することができてしまいます。

　相手の会社が大企業で技術力が高い場合には、自社に頼らずにどんどん商品を販売されるリスクがあります。

　また、自社が特許をライセンスしたい場合であっても、相手の会社の許諾を得る必要があり、自由にライセンスすることができません。なお、他の国（例えば、米国）では、他の共有者の同意なくライセンス許諾できる制度を持つこともありますので、海外の法制度との違いにも注意が必要です。

　このように、参加する企業のビジネス内容や関連する特許制度を十分に把握したうえで、単独所有にするのか共有にするのかを決める必要があります。

⑤ 成果の利用

　成果の帰属を決めるだけで利用についてのルールを決めておかないとすれば、成果の利用は特許法などの法律に従うべきことになってしまい、自社にとっても相手の企業にとっても利用しにくいものになります。そこで、成果をどのように利用するかについても合意しておく必要があります。

　成果の利用についての定めとして、例えば、(i)素材メーカーが成果（素材）に関する特許を単独で所有するが、完成品メーカーがそのライセンスを受けること、(ii)特許を共有にするが、自社の商品に関しては自社が自由にライセンス許諾できること、(iii)特許は共有にするが、大学側は収益事業をしないため、自社の売上に応じた金額を大学側に支払うこと（不実施補償）が挙げられます。

　予防法務の観点からは、この成果の利用についての定めは非常に重要です。実務的には、契約締結時には細部にまで合意に至らないことから、「詳細は協議するものとする」などとすることがよく見受けられますが、問題を先送りしているにすぎません。具体的なライセンス料や補償額など、できるだけ細部にわたるまで根気強く交渉して事前に決めておくべきでしょう。

⑽ ライセンス契約書の作成

Q

他社とライセンス契約を締結する際に注意すべき点について教えてください。

A ライセンス契約は許諾対象となる権利の種類と特質、許諾される権利の独占性、使用態様、再許諾、使用地域、対価を決める経済条件など、多くの点に注意する必要があります。ライセンサーなのかライセンシーなのかという立場によっても注意点は変わってきます。

解 説

　ライセンス契約とは、他社が保有する特許権などの知的財産権の使用許諾を受けたり、逆に自社の保有する知的財産権を他社に使用許諾したりするための契約です。ライセンス契約の対象となるのは、特許権・実用新案権（技術）、意匠権（デザイン）、商標権（ブランド）、著作権（著作物。例えば、キャラクター、楽曲など）、ノウハウなどの知的財産権です。

　ライセンス契約は実務で非常に多くみられる契約であり、かつ、契約期間が長期間にわたることが通常であり、とても重要度の高い契約であるといえます。なお、ライセンスする側を「ライセンサー」といい、ライセンスを受ける側を「ライセンシー」といいます。

対　価
（ライセンス料、ロイヤルティ）

　ライセンス契約は、許諾対象となる権利の種類や、業界、ライセンサーかライセンシーかなどで注意すべき内容が大きく異なります。

　以下では、重要な点に絞って説明しますが、長期間にわたる契約ですので、重要度の高いライセンス契約については、ぜひとも弁護士などの専門家のアドバイスを受けることをお勧めいたします。

1　ライセンス契約で付与される権利の内容

①　独占権か非独占権か

　ライセンス契約によって許諾される知的財産権の使用が独占的なもの（独占権）であるかそれとも非独占的なもの（非独占権）であるかを選択します。独占権の場合、対象となる知的財産権はライセンシーのみが使用することができます。ただし、独占権としながらライセンサーが使用する余地も認められますので、希望に応じて詳細を明記しておく必要があります。

　これに対して、非独占権の場合は、ライセンシーが複数存在してもよいことになります。独占権か非独占権かは、ビジネスや経済条件に影響してきますので、自社にとって良いほうを選ぶ必要があります。

②　使用態様

　知的財産権の使用態様について合意することができます。例えば、特許

の場合には製造だけを許諾する（その他の使用や譲渡は認めない）こと、商標の場合にはブランドを特定の商品についてのみ使用許諾する（他の商品への使用は認めない）こと、著作権の場合にはキャラクターデザインをそのまま使用することのみ認める（デザインを変更することは認めない）ことなど、基本的に自由に合意することができます。もちろん、あらゆる使用態様を認めるという内容にすることもできます。

③ 再許諾権

　ライセンシーがライセンス権をさらに第三者へ再許諾することをサブライセンスといいます。サブライセンスを可能とするか（さらには再々許諾も可能とするか）も必要に応じて明確に決めておくとよいでしょう。

④ 使用地域

　また、使用できる地域についても合意することができます。例えば、国内に限定するといった取決めや関東エリアに限定するといった取決めをするなど、基本的に自由に合意することができます。

2　経済条件を定める

　ライセンス契約においては対価（経済条件）を定めることが通常ですが、その定め方は多様です。例えば、契約一時金として固定額を支払う方式、売上に連動したライセンス料（ロイヤルティ）を支払う方式、これらを組み合わせる方式などがあります。ライセンサーの立場からは、ライセンシーの売上が少ない場合であっても最低実施料（ミニマムロイヤルティ）を支払う必要がある旨を定めることもあります。

　この点、製薬業界では、バイオ企業から製薬会社への特許ライセンスについて、創薬開発段階に応じて一時金を支払うマイルストン方式が採用されることもあります。これはビジネスリスクを回避するための方式ですが、

他の業界においても同様の考え方から、マイルストン方式を採用してもよいと思います。このように、経済条件の定め方はフレキシブルです。自社の立場から、最も有利で、ビジネスリスクを最大限回避できるような方式を検討しましょう。

　なお、売上に連動したライセンス料を支払う方式の場合は、ライセンサーの立場からすると、ライセンシーが報告してきた売上が正しいものかどうか確認する必要がありますので、ライセンシーの帳簿の保管義務と監査受入れ義務を定めておくこともあります。

3　契約終了後の取決め

　ライセンス契約は長期間にわたって継続しますが、いずれは終了します。そこで、終了した時のことを想定した取決めを事前にしておくことが重要です。

　例えば、製造についてのライセンス契約が終了した後、在庫として残っている製品をどのように処分するかについて取決めをしておきます。

4　ライセンサーの立場からの留意点

　以上のほか、ライセンサーの立場からは、ライセンシーが類似品の取扱いをしないように禁止する規定を入れておくことを検討すべきです。特に独占権を付与したライセンシーが類似品を取り扱うとすれば、ライセンサーの商品の売上が減少し、ライセンス料に影響する可能性が高いといえます。

　また、特許ライセンスの場合、ライセンシーがライセンス対象となっている特許権を無効審判請求などで争うことを禁止しておく必要があります。さらには、ライセンシーがライセンス対象について改良発明したときにはライセンサーに対して非独占的なライセンス許諾を義務づけることも検討

すべきです。

　ライセンシーに、改良発明について特許を独占されてしまうとライセンサーも改良発明についての特許を実施できなくなるためです。なお、上記非独占的なライセンス許諾を義務づけることは問題ありませんが、この種の制限をライセンシーに課す場合には、不当な取引制限とならないように独占禁止法に注意が必要です。

　また、商標ライセンスの場合は、ライセンシーが粗悪品にブランドを付けて販売するなどしてブランド価値が毀損する可能性がありますので、細かい品質管理を義務づけたり、定期的な品質チェックを受け入れる義務を課したりしておく必要があります。

　さらに、キャラクターの著作権ライセンスの場合、販売前にデザインをライセンサーに報告させて承諾を得る必要がある旨を規定しておくとよいでしょう。

5　ライセンシーの立場からの留意点

　ライセンシーの立場からは、ライセンス許諾を受けて使用しているにもかかわらず、その使用について第三者から権利侵害であるとして訴えられることは困ります。そこで、ライセンサーに対して、ライセンス許諾対象となっている権利の使用が第三者の権利を侵害しないことを保証してもらう必要があります。

　逆に、ライセンス対象となった権利について、第三者が権利侵害していることが判明した場合には、ライセンサーが訴訟提起するなどして侵害を排除することを義務づけることが必要です。ライセンシーの資格では直接第三者に対して侵害排除請求することができないこともあり、ライセンサーにおいて責任をもって第三者の侵害を迅速に排除してもらう必要性が高いためです。

また、主に特許ライセンスの場合、相互にライセンス契約をすることがあります。これをクロスライセンスといいます。クロスライセンスは、単独でライセンスを受けるよりも経済条件で有利になる可能性があります。したがって、ライセンスを受けるときは、相手が興味を持っている自社特許がないかを探してみるのもよいでしょう。

4

労務の予防法務

　厚生労働省の調査によると、労働紛争の相談件数は増加傾向にあります。また、労働法分野は改正も多く、中小企業にとって、法令遵守に向けた取組みが大きな負担になっているのも実情です。しかし、実際に労働紛争や法令違反が発生した場合、会社の経済的損失のほか、会社の信用にも直結し、企業経営の大きなリスクとなります。

　本章では、そのようなリスクを最小限にするため、特に押さえておくべき労務管理上のポイントについて解説します。

(1) 従業員の採用

Q

はじめて従業員を採用するのですが、法律上、どのようなことに気を
つけておくべきでしょうか。

A 法律的な観点からは、労働条件の明示、特に書面により明示す
べき事項の明示を忘れてはいけません。その際、懲戒に関する
規定など、重要な契約条件も記載しておくことが大切です。

解 説

　会社としては、労働者の採用は、最大限その従業員を育て、かつ長く会
社に貢献してもらうという長期的な視野に立つことが大切であり、その意
味では、会社の方針や理念を理解してくれているかという点や、能力や経
験などから、労働者の適性を判断することになると思います。

　そのうえで採用する際には、会社は雇用保険、健康保険、厚生年金への
加入などの、社会保険についても配慮する必要があります。そして、法律
上、見落としてはならないのは、どのような条件で働いてもらうのかとい
う労働条件を明示しておくことです。

1　労働条件の明示の義務

　使用者は、労働契約の締結に際し、労働者に対して賃金、労働時間その
他の労働条件を明示しなければならないとされています。

　具体的には、賃金および労働時間に関する事項その他の厚生労働省令で
定める事項については、厚生労働省令で定める方法により明示しなければ

ならないとされています（労働基準法15条１項）。また、明示された労働条件が事実と相違する場合においては、労働者は、即時に労働契約を解除することができるとされています（労働基準法15条２項）。

　手間のようにも思うかもしれませんが、労働条件は、いわば使用者と労働者の約束ごとであり、明確にしておくほうがお互いのためであり、確実に将来の紛争防止にもつながる、使用者からしても有意義なものです。

　しかし、中小企業では、従業員を採用する際に、この労働条件の明示ができていない例がしばしばみられます。以下では、労働条件の明示は具体的にどのように行うかを解説します。

①　明示すべき項目と明示する方法

ア　従業員全般

　労働者に明示すべき事項は、以下のとおりとされています（労働基準法規則５条１項）。

- i　労働契約の期間に関する事項
- ii　就業の場所および従事すべき業務に関する事項
- iii　始業および終業の時刻、所定労働時間を超える労働の有無、休憩時間、休日、休暇並びに労働者を２組以上に分けて就業させる場合における就業時点転換に関する事項
- iv　賃金（退職手当および臨時に支払われる賃金等を除く）の決定、計算および支払の方法、賃金の締切りおよび支払の時期並びに昇給に関する事項
- v　退職に関する事項（解雇の事由を含む）
- vi　退職手当の定めが適用される労働者の範囲、退職手当の決定、計算および支払の方法並びに退職手当の支払の時期に関する事項
- vii　臨時に支払われる賃金（退職手当を除く）、賞与およびこれらに準ずる賃金並びに最低賃金額に関する事項

viii　労働者に負担させるべき食費、作業用品その他に関する事項

ix　安全および衛生に関する事項

x　職業訓練に関する事項

xi　災害補償および業務外の傷病扶助に関する事項

xii　表彰および制裁に関する事項

xiii　休職に関する事項

　多岐にわたりますが、このうち i から v（ただし、iv のうちの昇給に関する事項を除く）については、書面（労働条件通知書）を交付して明示する必要があることに特に注意が必要です。なお、労働契約書を締結する場合には、その契約書に i から v が定めてあれば、労働条件通知書を別途交付する必要はありません。

イ　有期労働契約の場合

　パート、アルバイトおよび契約社員等、有期労働契約を締結する従業員については、有期労働契約の継続・終了に関する予測可能性と納得性を高めることで紛争を防止するために、有期労働契約の更新に関する事項も明示する必要があります。

　具体的には、更新可能性（自動更新、更新することがある、更新しない等）、更新する場合はその判断基準（業務量、勤務成績、能力、経営状況等の考慮要素）などの明示をしますが、予防法務の観点からは、可能性のある考慮要素は幅広く記載しておくべきです。

②　労働条件通知書を作成する際のポイント

　労働条件通知書を作成する際のポイントは、 i から v の項目をしっかりと明記することです。この点、厚生労働省が公開している労働条件通知書のひな型を参考にすることが有用と思われます。

　なお、書面の交付は必要な i から v のみを明記した簡単な労働条件通知

書を作成で足りますが、紛争予防の観点からは、iからvのみならず、懲戒に関する事項や、休業に関する事項、さらには退職金の有無、賞与の有無なども労働条件通知書または労働契約書に規定しておくべきです。

特に、戒告、減給、出勤停止、諭旨解雇、懲戒解雇といった懲戒処分を行うには、判例上、労働契約上の根拠が必要と考えられています（最判平成15年10月10日・労判861号5頁）。この点、懲戒について定めた就業規則を整備している会社であれば、その就業規則を周知していれば、これが労働契約の根拠になりますので問題ありません。

しかし、就業規則を整備していない会社では、従業員に不正行為があっても、懲戒処分に関する規定が定められておらず、懲戒処分ができないという事態も考えられます。したがって、懲戒に関する事項は、労働条件通知書や雇用契約書で明確に定めておいたほうがよいでしょう。

2　法定三帳簿の作成

労働基準法では、使用者に対し、労働者名簿、賃金台帳、出勤簿（以上を併せて「法定三帳簿」といいます）の作成を義務づけています（労働基準法107条、108条）。

また、法定三帳簿のほか、雇入れ（契約書、履歴書、身元引受書）、解雇（解雇通知、解雇予告手当の領収書）、災害補償（診断書、補償の支払・領収関係の書類）、賃金その他労働関係に関する重要な書類（タイムカード、労使協定、退職関係書類等）については、3年間保管する義務を課しています（労働基準法109条）。これらの義務に違反すれば、30万円以下の罰金が科せられることに注意が必要です。

なお、法定三帳簿については、記載すべき事項が法令で細かく定められていますが、それほど難しい内容ではありません。厚生労働省のウェブサイトで公開されているひな型を利用するなどして、適切なものを作成するようにしましょう。

法務ワーク〜Home Work〜　　　● キャリアアップ助成金の活用

　雇用関係では各種の助成金の制度が定められており、これを積極的に活用することが有益です。代表的な助成金に、キャリアアップ助成金があります。

　キャリアアップ助成金は、有期雇用労働者、短時間労働者、派遣労働者といったいわゆる非正規雇用の労働者の企業内でのキャリアアップを促進するため、そのような取組みを実施した事業主に対して、金銭的な補助をするものです。非正規雇用労働者を正社員雇用に転換した場合に助成する「正社員化コース」や、賃金規定等を改定した場合に助成する「賃金規定等改定コース」など、7つのコースがあります（2020年5月現在）。

　正社員化コースでは、就業規則に正社員への転換規定を設けて、その規定に基づいて正社員に切り替えるとともに、転換後6か月間、転換前と比較して5%以上賃金を増額して賃金支払を継続した場合に、57万円の助成金が支給されます。従業員にとっても、中小企業にとってもメリットの大きい助成金制度の1つといえ、正社員雇用への切り替えを検討している使用者は、ぜひ活用を検討されることをお勧めします。

　なお、キャリアアップ助成金の支給条件や支給内容は随時変更されています。詳細は厚生労働省のウェブサイトをご確認ください。

(2) 試用期間の設定

Q

履歴書や面接だけではどのような人物かわからないので、ひとまず試用期間ということで採用しました。試用期間中の様子を見ていたのですが、やはり会社に合わないので辞めてもらいたいと思うのですが、試用期間中ですから自由に解雇して問題ないでしょうか。

A

試用期間といっても、簡単に解雇できるわけではなく、正社員の解雇に準じる厳しい制限があります。予防法務の観点からは、正社員として採用できるか否かを見極めたければ、そのことを十分に従業員にも説明したうえで、有期雇用を活用することを検討します。ただし、有期雇用を単に試用期間の代替として位置づけることには問題があり注意が必要です。

解 説

　試用期間とは、一般に、雇用後に実際の勤務態様を見たうえで従業員の適性などを評価し、本採用するか否かを判断するために企業が設ける一定の期間のことをいいます。中小企業では試用期間を設けることも多く、その期間は1か月から6か月程度（最も多いのは3か月）とされることが一般的です。

　経営者の中には、試用期間なので気に入らなければいつでも辞めてもらえる、試用期間が終われば問題なく解雇できると考えられている方は多いようですが、以下の判例で見るとおり、法律的な観点からは、試用期間といっても、不利益な扱いを受けることになる従業員を容易に解雇することはできないとされています。

1　試用期間中の解雇が認められる要件

使用期間中の解雇が争われた判例（最判昭和48年12月12日・民集27巻11号1536頁〔三菱樹脂事件〕）があります。この判例では、試用期間中の使用者と労働者との関係は、本採用に適しないと判断された場合に解雇し得るよう、解雇権が留保された労働契約であるとされています。

ただし、この解雇権の行使については、客観的に合理的な理由が存在しており、かつ、社会通念上相当として是認される場合にのみ許されるとされています。そこで、試用期間中の解雇については、正社員の解雇ほどではないにしても、

① 客観的に合理的な理由が存在すること

② 社会通念上相当であること

という正社員の解雇に準じるような要件が課せられていることに注意が必要です。

2　有期雇用契約を活用する

試用期間には以上のような解雇制限があるため、試用期間ではなく、3か月や半年など一定の雇用期間を定めた有期雇用契約を活用する会社もあります。

有期雇用契約では、あらかじめ定められた期間満了の時点で、それまでの仕事ぶりなどを考慮して、契約を終了するか、正社員として採用するかを決めることになります。

ただし、試用期間の代わりに有期雇用契約を活用することについては、前記の判例が試用期間の解約権の行使を厳しく制限したことを無意味にしないよう、単なる試用期間の代替物とみられないことが必要です。

そのためには、使用者側としては、有期雇用であることを労働者に十分に説明するとともに、就業規則や雇用契約書など客観的な書面で、雇用期

間満了時に雇用契約が終了するということを明確にしておくことがポイントになると考えられます。

この点、裁判例でも、期間1年の有期労働契約について、就業規則に、契約期間の更新限度が3年とあり、その満了時に正社員となることを希望する契約職員の勤務成績を考慮して会社が必要であると認めた場合に当該契約社員を正社員とすることができることが明確に定められており、なおかつ労働者もこのことを十分に認識したうえで雇用契約を締結した場合には、仮に期間満了時に雇止めをしても、試用期間中の解雇のような厳しい判断はせず、雇止めは有効であるとした事例があります（最判平成28年12月1日・労判1156号5頁〔福原学園（九州女子短期大学）事件〕）。

法務ワーク～Home Work～ ●有期労働契約の無期転換ルール

労働契約法19条ではいわゆる無期転換ルールが定められています。これは①同一の使用者との間で締結された2以上の有期労働契約について、②その契約期間を通算した期間が5年を超える労働者が、③有期労働契約の期間満了までの間に、無期労働契約（正社員採用）の締結を使用者に申し込んだときは、無期労働契約（正社員採用）が成立することとされているものです。

ただし、途中に6か月以上契約がない期間（クーリング期間）がある場合は、それ以前の期間は通算の対象とはならず、通算期間が再スタートします。また、一定の条件を満たした医師や税理士などの高度専門職の場合や、定年後に再雇用をする場合は適用対象外となります。

留意すべきなのは無期転換後の労働条件であり、法律上は、就業規則等で別段の定めがある場合を除き、従前の有期労働契約と同一の労働条件になるとされています（労働契約法18条1項）。すなわち、自動的に正社員の就業規則が適用されるわけではありません。

また、この別段の定めとしては、従前の条件から有利に変更する定めも不利に変更する定めも可能であるとされています（もっとも、通達では、職務内容

の変更がないにもかかわらず労働条件を不利にすることは望ましくないとされています（2012年8月10日付基発0810第2号））。

　以上の無期転換ルールはその重要性にかかわらず、無期転換ルールの内容を知っている割合は、企業等で63.8%、有期労働契約者では35.5%にとどまっており（労働政策研究・研修機構（JILPT）の調査（2019年9月公表））、多くの企業で対策が不十分なのが実情であるといえます。

　予防法務の観点からは、無期転換される可能性のある従業員を雇用する使用者としては、無期転換した従業員について、賞与、退職金制度、定年制度、休暇制度、配転命令権、残業命令権等を事前に明確に定めておくことが大切です。

(3) 業務委託の活用

Q

働き方改革で従業員の労働時間管理や雇用管理がたいへんになっています。社会保険料の負担も大きいので、従業員を雇用契約ではなく業務委託に切り替えたいのですが、注意すべき点はないでしょうか。

A

労働契約と評価されるか、業務委託契約と評価されるかは、契約書のタイトルや書き方だけではなく、契約の実態に即して判断されます。業務委託契約を締結する場合には、その点に十分留意する必要があります。

解 説

　一般的に、業務委託のメリットとして、

① 業務の効率化

② 労務管理負担の削減

③ 経費削減

④ 業務の専門化

などが挙げられます。具体的には、外部でも処理できる業務を外注し、限られた従業員に、会社の基幹事業に専念してもらい業務の効率化を図ることができます。雇用契約の場合、労働基準法などの労働関係法制が適用され、労働時間、休暇、解雇規制などを遵守した労働管理が必要ですが、業務委託では、労働関係法制の適用はありません。業務委託は、雇用保険や社会保険の加入が不要で、コスト削減が可能です。また、専門的な外部企業に委託すれば、教育をせず、プロが活用できます。

このようなメリットのほか、企業の繁閑に応じた柔軟な労働力の確保を目的として、業務委託契約を積極的に活用している企業も多く見受けられます。

さらに、2018年7月にいわゆる働き方改革関連法が成立し、労働時間規制等が厳格になったことで労務管理の負担が増大したことを受けて、従業員を個人事業主として独立させることや企業内部で処理していた業務を外部に委託する例が増えているようです。

1 業務委託をする際の留意点

以上で述べたように、業務委託には多くのメリットがあります。しかしながら、単に契約書を「業務委託契約」（あるいは「請負契約」「委任契約」など）とすれば、業務委託契約になり、各種労働関係法の規制を免れるわけではありません。

実際は労働者であるのに、派遣法や労働基準法などの規制を免れるために、業務委託契約を行う企業もあるのが実情で、法律上は、契約書の形式や文言ではなく、受託者の業務の実態を見て労働契約か否かを判断することになります。

会社が業務委託契約としていたにもかかわらず、実態が労働契約であったと判断された場合、いわゆる偽装請負とされ、企業が多大な風評被害（現在では、求職者の情報交換が容易であり、また従業員がSNS等で簡単に情報発信できますので、このリスクは無視できません）を受け、採用や取引に重大な悪影響が出るリスクがあります。

また、偽装請負の問題は、契約終了時の残業代請求や、労災発生時の賠償請求などで顕在化することも多く、このような場合、企業が想定外の負担を余儀なくされることもあるでしょう。

そのため、企業としては、業務委託契約を締結するときは、次に整理す

るポイントに十分留意して、かつそのような実態を確保するようにしなければなりません。

2 業務委託と労働契約との区別のポイント

業務委託・請負と労働契約の区別・判断の基準となるポイントは、この点が争われた裁判例（最判平成21年12月18日・民集63巻10号2754頁〔パナソニックプラズマディスプレイ事件〕）を踏まえれば、概ね以下のように整理できます。

① 仕事の依頼・業務従事の指示等に対する諾否の自由があるか	仕事を受けるか否かを選択する自由があれば、労働者ではなく独立した事業者であり、業務委託と認定される方向になります。
② 業務遂行上の指揮監督（就業規則や服務規律の遵守）の程度	業務遂行につき細かく指揮監督があったり、事実上労働者と同じ就業規則や服務規律の遵守を要請されたりしていれば、労働契約と認定される方向になります。
③ 勤務場所・勤務時間が拘束されているか	勤務場所や勤務時間が厳しく拘束されていれば、労働契約に傾きます。
④ 報酬の労務対償性がある	報酬が、仕事や業務の成果ではなく、働いたことそのもの（ある時間、ある作業場で稼働したこと）に対するものである場合や、時間給や日給の場合、労働契約に傾きます。
⑤ 機械・器具が会社負担によって用意されているか	機械・器具が会社負担であれば、労働契約に傾きます。
⑥ 報酬の額が一般従業員と同一であるか	一般従業員と報酬に差がない場合にも、労働者と認定されやすくなります。
⑦ その他	その委託者からしか仕事がない場合、給与所得として源泉徴収している場合、その他社会保険に加入している場合は、労働者と認定されやすくなります。

業務委託契約を締結する場合には、以上のようなポイントを十分に考慮して、契約書の作成や実体の確保を行います。

法務ワーク〜Home Work〜　● 事業所得と給与所得

本文では、業務委託・請負契約と雇用契約の区別について、主に法律上の観点からの説明をしていますが、この区別は税務上も重要な問題となります。

すなわち、会社から個人に対して報酬が支払われる場合、これが業務委託・請負に基づくものであれば個人事業主の「事業所得」として取り扱われ、雇用に基づくものであれば使用人の「給与所得」として取り扱われるからです。

この点、事業所得については、報酬を支払う会社としては、原則として源泉徴収の必要はなく、また、消費税の計算にあたって仕入税額控除が認められます。これが給与所得であれば、源泉徴収が必要であり、仕入税額控除も認められないことになります。

税務調査では、これらの区別をめぐって争われるケースが多く、事業所得としての処理が否認され、給与所得と認定された場合には、源泉所得税と消費税の追徴課税がなされることになります。

なお、国税庁では、特に問題となりやすい建設業従事者につき、以下のような要素を総合的に考慮して、請負に基づく事業所得であるか、それとも雇用に基づく給与所得であるかを判断するものとされています（国税庁「大工、左官、とび職等の受ける報酬に係る所得税の取扱いについて（法令解釈通達）」）。

⑴　他人が代替して業務を遂行することまたは役務を提供することが認められるかどうか。

⑵　報酬の支払者から作業時間を指定される、報酬が時間を単位として計算されるなど時間的な拘束（業務の性質上当然に存在する拘束を除く）を受けるかどうか。

⑶　作業の具体的な内容や方法について報酬の支払者から指揮監督（業務の性質上当然に存在する指揮監督を除く）を受けるかどうか。

⑷　まだ引渡しを了しない完成品が不可抗力のため滅失するなどした場合において、自らの権利として既に遂行した業務または提供した役務に係る報酬の支払を請求できるかどうか。

⑸　材料または用具等（くぎ材等の軽微な材料や電動の手持ち工具程度の用具等を除く）を報酬の支払者から供与されているかどうか。

(4) 管理監督者の選任

Q

人件費を抑えたいので、従業員を管理職にして、残業代の支払をしな
くてもよいようにするつもりですが、気をつけておくべき点はありま
すか。

A 　残業代を支払わなくてもよい管理監督者は、地位や名称だけで
はなくて、勤務実態で判断をされます。残業代を支払わない管
理職となる従業員は、名実ともに管理監督者としておく必要がありま
す。

解　説

1　労働基準法が定める従業員の労働時間等

　事業主は、従業員を働かせる場合には、労働基準法により、労働時間等
の労働条件について、以下のような制限が定められています。

①	労働時間	1日8時間、1週40時間を超えて労働させてはならない（労基法32条）。
②	休　憩	1日6時間を超える場合は45分、8時間を超える場合は1時間以上の休憩を与えなければならない（労基法34条）。
③	休　日	毎週少なくとも1日の休日（法定休日）を与えなければならない（労基法35条）。

④　割増賃金	32条の法定労働時間を超え、または35条の法定休日に労働させた場合は、所定の割増賃金（残業代）を支払わなければならない（労基法37条）。

　事業者にとって特に経営上重要となるのが残業代の支払義務ですが、以上の定めにかかわらず、監督若しくは管理の地位にある従業員（以下「管理監督者」といいます）については、労働時間規制の適用がなく（労働基準法41条2号）、したがって深夜割増賃金を除き残業代の支払義務もないとされています。

2　管理監督者の定義

　管理監督者とは、労働条件の決定その他労務管理について経営者と一体的な立場にある者をいいます。単に会社内で、執行役員、部長、課長といった、いわゆる管理職と言われる地位・役職にあるからといって、管理監督者に該当するとは限りません。

　管理監督者に該当するかどうかは、形式的な役職名ではなく、その職務内容、責任と権限、勤務態様等の実態によって実質的に判断されます。具体的な判断のポイントは以下のとおりです。

①　労働時間規制の枠を超えて活動せざるを得ない重要な職務があること	→職務内容が、少なくともある部門全体の統括的立場となっているような場合でなければ、管理監督者とは言いにくくなります。
②　労働条件の決定や労務管理につき経営者から重要な責任と権限を委ねられていること	→採用、解雇、人事考課、他の従業員の労働時間管理について、責任と権限がある場合や機密事項を共有している場合、管理監督者と認められやすくなります。

③ 勤務態様が、労働時間の規制に馴染まないものであること	→遅刻早退等により、懲戒や人事考課での不利益な扱いを受けないなど、労働時間に関する裁量がある場合、管理監督者と認められやすくなります。
④ 賃金等について、一般の従業員との比較で相応な待遇がなされていること	→年収や時間単価が他の従業員と比較して高い場合や、管理職手当、時間外手当が支給されないことを十分に補っている場合は、管理監督者と認められやすくなります。

3 管理監督者か否かが争われた具体例

　例えば、ファミリーレストランの店長について、①店長としてコック、ウェイター等の従業員を統括して、採用にも一部関与し、店長手当の支給を受けていたものの、従業員の労働条件は経営者が決定していた、②店舗の営業時間中は拘束され、出退勤時間を自由に決められなかった、③店長職務の他にコックやウェイター、掃除等、全般に及んでいたという事例（大阪地判昭和61年7月30日・労判481号51頁〔レストラン「ビュッフェ」事件〕）では、管理監督者性が否定されています。

　また、飲食店のマネージャーについて、①アルバイト従業員の採用等について決定権を持つ店長を補佐していたが、部下の査定の決定権はなく、②勤務時間に裁量はなく、アルバイト従業員と同様の接客や清掃を行っており、③基本給が厚遇されていることもなく、役職手当等の諸手当も十分でなかった事例（東京地判平成18年8月7日・労判924号50頁〔アクト事件〕）でも、管理監督者性が否定されています。

　その他にも、料理長について、①他の料理人の勤務割を決めていたが、②労務管理上の権限が不十分で、③出退勤の自由もないとして、管理監督者性が否定された事例（岡山地判平成19年3月27日・労判941号23頁〔セントラ

ル・パーク事件〕）や、従業員20名足らずの企業での技術課長（役職手当7万円）の管理監督者性が否定された事例（京都地判平成29年4月27日・労判1168号80頁〔乙山彩色工房事件〕）などがあります。

有名な日本マクドナルド事件（東京地判平成20年1月28日・労判953号10頁）では、ファーストフード店の店長について、①経営者と一体的な立場で企業全体の経営に関与していたわけではなく、②会社から勤務時間の指定をされ、自身で労働時間の決定ができる状況ではなかったこと、および③部下の店長代理と年収に大きな違いがなかったことから、管理監督者性が否定されています。

4　名ばかり管理職としない

名実ともに管理監督者とするためには、人事等の権限があること、自主的に労働時間を管理していること、給与等の待遇が他の従業員よりも良いことなどがポイントになりますが、管理監督者か否かが争われた具体例からわかるように、そのハードルは高いと言えます。

仮に管理監督者として残業代を支払わないのであれば、これらの各要素を、確実に充足できるよう注意しましょう。

なお、仮に、管理監督者と認められても、深夜割増賃金は支払う必要があります。この点、くれぐれもご注意ください。

法務ワーク〜Home Work〜　　●　同一労働・同一賃金の原則

いわゆる働き方改革関連法案の成立により、パートタイム、有期雇用労働者、派遣労働者などの非正規労働者について、どのような雇用形態を選択しても、正社員と比して不合理な待遇差を設けることが禁止されています。

具体的には、同一企業内で、正社員と非正規雇用労働者との間で、賃金などの待遇について不合理な待遇差を設けることが禁止されています。また、派遣

労働者については、派遣先の労働者と均等待遇にするか、または労使協定によって待遇を確保することが義務づけられています。

　ただし、合理的な理由がある場合は、待遇差を設けることも許容されます。例えば、職務内容が異なる場合、あるいは配置転換の可能性がある正社員とそうでない非正規労働者がいる場合、そのことを理由に合理的な待遇差を設けることは許容されます。

　また、使用者には、非正規雇用労働者から正社員との待遇差の内容や理由について説明を求められた場合、これを説明すべき義務が課せられています。さらに、当局から使用者に対する指導等も可能とされていますので、直接的な禁止にとどまらず、間接的にも不合理な待遇差の防止が図られています。

　このように、使用者においては、正社員と非正規労働者の労働条件の策定には、これまで以上に配慮が必要になったといえます。なお、同一労働・同一賃金の原則に反した場合には、その待遇差を設けた規定は無効になると解されます（最判平成30年6月1日・民集72巻2号88頁〔ハマキョウレックス事件〕）。

(5) 労働条件の変更

Q

従業員の労働条件を変更したいのですが、会社の経営上の理由などが
あれば、社長の判断で決めてしまっても問題ないでしょうか。

A

労働条件の変更は従業員と協議して、他の従業員との均衡も考
慮しながら合意することが原則となります。ただし、多数の従
業員がいる場合、就業規則を定めておき、その内容を変更するという
ことも考えられます。

解説

1 労働条件の合意

　労働契約法によると、労働契約も売買契約などと同様、当事者が対等の
対場で交渉して労働条件を合意するというのが原則です（労働契約法3条1
項）。また、合理的な条件が定められた就業規則が周知されている場合には、
就業規則で労働条件を定めることもできます（労働契約法7条）。
　もっとも、合意すればどのような労働条件を定めてもよいわけではなく、
例えば、労働基準法の強行法規部分に反する合意（例えば、管理監督者等
ではないのに残業代を支払わない合意をすることなど）や最低賃金を下回
る賃金で合意することは許されません。
　また、外国人労働者や女性の雇用が増えてきた昨今では、労働者の国籍
等を理由とする労働条件の差別的取扱いや、労働者が女性であることを理
由とする賃金差別が許されないことにも注意が必要です。

163

さらに、2020年に施行されたいわゆる働き方改革法により、「同一労働同一賃金の原則」として、パート従業員、契約従業員、派遣従業員について、正社員と比較して不合理な待遇差を設けることが禁止されています（パートタイム・有期雇用労働法8条、労働者派遣法30条の4）。

ただし、業務の内容、責任の程度および配置の変更の範囲などのうち、当該待遇を行う目的に照らして適切と認められるものを考慮して、合理的な差異を設けることは許容されています。

2　労働条件の変更の方法

労働契約も契約である以上、労働条件などの契約内容を変更する場合には、労働者と使用者で個別に合意することが必要です（労働契約法8条）。

もっとも、就業規則が定められている場合には、使用者は、「変更後の就業規則を労働者に周知させ、かつ、就業規則の変更が、労働者の受ける不利益の程度、労働条件の変更の必要性、変更後の就業規則の内容の相当性、労働組合等との交渉の状況その他の就業規則の変更に係る事情に照らして合理的なものである」という要件を満たせば、就業規則を変更することで、労働条件を変更することができます（労働契約法10条）。

多数の従業員がいる場合、あるいは将来従業員が増加することが見込まれる場合には、全員から個別の同意を得るというのが現実的には困難なことも多いです。就業規則を定めておき、上記のような要件に留意しながら就業規則により労働条件を変更することが合理的といえるでしょう。

■事業場に就業規則がある場合の労働者の労働条件（労働契約を結ぶ場合）

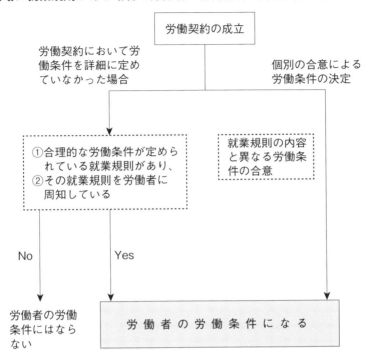

以上のとおり、労働条件を変更する際には、原則として従業員との個別の合意が必要となり、就業規則を定めている場合には、それを周知させたうえで、合理的な範囲で変更を行い、労働条件を変更する必要があります。

法務ワーク〜Home Work〜 ● 就業規則作成の外注コスト

　予防法務の観点から欠かせない就業規則ですが、使用者が一から作成するのもなかなか大変です。

　就業規則については、厚生労働省のウェブサイトにおいて、モデル就業規則が公開されていますが、これはどちらかと言えば労働者寄りの内容であり、か

つ、会社ごとの実情なども反映されていません。そのため、しっかりとした就業規則を作成しようとなると、どうしても外部専門家（社会保険労務士や弁護士）に依頼することになります。

　この点、就業規則の作成を外部に依頼する場合の費用の目安ですが、内容や面談回数などに応じて、概ね10万円から30万円の範囲が多いようです。また、賃金規程、育児介護休業規程等を別途作成するとなると、規程の数に応じて追加で5万円から10万円程度かかるケースが多いようです。

　ただし、労働紛争が一度発生すると、弁護士に依頼する費用だけでも、このようなコストで済まないことが多くあります。就業規則は、労務に関する予防法務の根幹にかかわりますので、多少コストをかけても、信頼できる専門家に、しっかりと会社の実情に合わせた就業規則の作成を依頼しておくべきでしょう。

(6) 従業員の安全確保

Q

労働災害（労災）で、会社に法的な責任（損害賠償責任）が生じない
ようにするためには、どのような点に気をつけておくべきでしょうか。
労災が発生した場合の賠償については、労働者災害補償保険（労災保
険）に入っていれば、問題ないでしょうか。

A

労災は絶対に発生させないという意識で、物的側面と人的側面
の両面から、予測できる危険について、あらゆる防止措置を講
じておきましょう。また、労災保険で填補される額は最小限の範囲の
ため、通院が長期化した場合や後遺症が発生した場合等には、必ずし
も十分ではなく、任意保険加入も検討すべきです。

解 説

1 企業倒産の危機も招きかねない労働災害リスク

労災問題は、最近では、メンタルヘルスや過労死の問題などがよく
ニュースで取り上げられますが、依然として、工事現場や工場内での事故
なども多く発生しています。

労災が発生した場合は、企業は、不法行為または安全配慮義務違反とし
て、損害賠償責任を負うことになります。従業員が死亡してしまった場合
や重大な障害を負ってしまった場合などには、中小企業では到底支払えな
いような高額になることもあります。

例えば、①50歳（年収330万円）が、落下事故で死亡したケースで、総

額約5,500万円を支払った事例、②47歳（年収500万円）が、クレーン事故で下半身不随の後遺障害を負ったケースで、介護費用を含めて総額約1億3,000万円を支払った事例、③40歳（年収250万円）が、スライサーで人差指を第一関節より上で失ったケースで、総額約4,100万円を支払った事例などがあります。

また、その他にも、使用者の過失が大きい場合、労働安全衛生法違反や業務上過失致死傷罪で、刑事罰を受ける可能性もあるため、十分な予防が必須となります。

2 労災発生の具体的防止策

労働災害の発生を防止するためには、企業としては、事業に利用する物的施設（設備）および人的組織（設備）を十分に整備しておく必要があります。十分な整備の内容は一律ではなく、労働者の職種、労務内容、労務提供場所等によって異なります。

ただ、実際に労働災害が発生した際には、使用者が責任を免れることは難しいので、使用者は、法的責任を免れるためというよりむしろ、絶対に事故を発生させないことが重要となります。予測できる危険については、あらゆる防止措置を講じておくことが肝要です。

① 物的施設（設備）の管理

物的施設（設備）の安全確保のためには、まず、けがをする可能性のある機械や場所の安全装置が重要です。例えば、高所作業をする際には、転落防止用ネット、足場の確保、安全柵の設置、安全帯とヘルメットの着用を義務づけることなどが考えられます。プレス機では、人が体を入れられない措置やどこからでも押せる緊急停止ボタン、刃物がある機械では、指や腕が入らない安全装置、緊急停止ボタンの設置などが考えられます。

また、機械や場所の安全確保をしたうえで、機械等の整備点検（安全装

置が破損していないか、停止ボタンが作動するか等）も十分に行う必要が
あります。安全点検については、メーカーの指示（取扱説明書等）に従い、
担当を決めてチェック表を作成するなどして、必ず誰かが責任をもって、
定期的に行います。

　新型コロナウイルス感染症等強い感染力を持った感染症が発生したとき
は、在宅勤務、定期消毒、アルコールの設置、マスクの着用等の予防措置
が求められるでしょう。

　当たり前の内容のようですが、実際に紛争化した事例では、これらの物
的施設（設備）の安全性が十分に確保されていたことは、ほとんどありま
せんでした。

②　人的組織（設備）の管理について

　次に、人的組織（設備）を十分に整備するためには、労働者への安全教
育の実施が必須となります。特に、労災事故では、ベテランが大けがをす
ることは少なく、入社間もない従業員や、初めての現場や、初めての作業
の際に、大きなけがに結びついていることが多いようです。

　そのため、新入社員が初めての現場、初めての作業で初めての機械を使
用する場合には、危険予測や取扱説明書等も参考に、事前に十分な指導を
行い、かつ慣れるまでは上司や先輩と共同で作業をさせて丁寧な指導を行
うことが重要です。

　さらに、毎日の作業前の点呼時に、改めて注意事項を確認することや、
安全教育のためのマニュアルを作成して周知することも有益です。加えて、
その後も定期的に、上司やベテランが見回りを行い、労働者の不安全行為
に対する適切な注意・指導を継続することも重要です。そのために有資格
者や安全監視員を配置することも考えられると思います。

③　その他

　従業員の安全を確保するためには、労働者の心身・体調の管理や労働時

間（過重労働になっていないか等）に常に気を配っておくこと、さらには衛生管理や定期健診などの労働安全衛生法上の義務を遵守することも大切です（→④(7)172頁参照）。

3 労災発生に備えた任意保険の加入を考えよう

　以上のような措置を十分に講じていても、労災は発生することがあります。そのような場合、労災保険からは、治療費（療養給付）は補填されても、慰謝料や、逸失利益（後遺症が発生した場合に、その後遺症がなければ将来得ることができた収入）などは支払われません。

　後遺障害（例えば、指の切断、失明、歯の補綴、可動域制限など）が発生した場合には、この逸失利益を含む損害賠償額が数千万円に及ぶことも珍しくありませんが、その場合、労災保険でカバーされない部分は、会社が支払う義務を負うこととなります。

　これらは中小企業がすぐに支払えるような額ではないことが大半ですので、現場や工場内での大きなけがを負う危険のある作業を行わせる事業主は、任意保険に加入しておくことも重要です。従業員の救済と企業倒産のリスクを考えれば、決して安くない保険料の負担も、相対的には軽微なものといえるでしょう。

法務ワーク〜Home Work〜 ● 労働災害が発生したときの対応

労災が発生したときは、事実関係の確認をしたうえで、労基署などの関係各所に連絡をすることになります。

労基署からは、担当官が現場に臨場し、災害状況の把握、被害発生原因の把握に努めた後、労働安全衛生法等の違反の有無を検討し、司法捜査（警察等による捜査）が開始されます。その後、二次災害防止のための是正勧告等の指示がなされます。事業者は、これらの調査に真摯に対応する必要があります。

このとき、事業者は労基署などに提出した書類のコピーの確保と、事情聴取を受けた従業員がどのような説明をしたのかを再現させ文書として保管しておくことが重要となります。

労災の際に当局に提出したものを事後的に使用者が自由に入手することができるわけではないため、将来、被害者と示談交渉を行う場合などにおいて、これらが重要な資料となるからです。

ところで、労災のうち、検察庁に事件が送致されるのは、①法令違反により死亡者または重傷者が発生したとき、②違反の内容が重大または悪質な場合、③社会的影響が大きい場合、④被害者から告訴があった場合などとされています。実際には、労働基準法や労働安全衛生法などの法令違反による送致が全体の9割以上を占めています。

前者は、主に過重・不法な長時間労働によるものです。後者は、主に法令で定められた義務違反が原因となった死亡・重傷事案、労災隠し（労働者私傷病報告書の不提出・虚偽報告）で、特に労災隠しは100％送検されるといわれています。

予防法務の観点からは、事業者は、労災が発生したなら、被害者対応と労基署対応を誠実に行うことが肝要です。

(7) 労働安全衛生法の基本ルール

Q

工場内で労災が発生した場合、労働安全衛生法違反で責任者も会社も罰金刑を受けることがあると聞きました。そのような事態にならないように注意しておくべき点について教えてください。

A 労働安全衛生法で求められる内容は業種によって異なります。まずはその内容を十分に把握したうえで、法的な義務とされている事項について適切に遵守する必要があります。

解 説

労働安全衛生法（以下「労安衛生法」といいます）は、労働基準法が「労働者の安全及び衛生に関しては、労働安全衛生法の定めるところによる。」（労働基準法42）と定めてられているとおり、労働者の安全および衛生を護るために事業主等が遵守すべき事項を整理した法律です。

労安衛生法に定められた事業主の義務の中には、努力義務（違反しても刑罰を科されない義務）を定めたものもありますが、法的義務（違反すると刑罰を科す）を定めたものもあり、予防法務の観点からはこちらが重要となります。この法的義務に違反した場合、行為者・責任者とともに、法人も処罰される規定（両罰規定といいます）が多く、毎年、かなりの数の企業が労安衛生法違反で処罰されています。

2016年に「『過労死等ゼロ』緊急対策」がとりまとめられ、その取組みの1つとして、労働基準関係法令違反に係る事案を、企業名とともに、厚労省と各労働局のホームページに掲載されることになりましたが、労安衛生法違反の事例も、毎年多数公表されています。

　公表期間は書類送検した日から1年ですが、ここで公表された事案を集約し、法令違反業者の検索ができるインターネットサイトもありますので、一度公表されてしまうと、企業としても深刻な社会的ダメージを受けることになります。

　労安衛生法を十分に把握している事業主はまだそれほど多くない印象ですが、事業主が従業員を雇用したときには、中小企業であっても、必ず確認しておく必要がある重要な法律といえます。

1　労安衛生法の概要

　労安衛生法では、主に、

① 安全衛生管理体制の整備

② 機械・設備等の危険防止

③ 安全衛生教育

④ 資格による就業制限

⑤ 労働者の健康診断

⑥ 各種報告義務

などが定められています。その具体的な内容については、労安衛生施行令や、労安衛生規則のほかに、各業種に応じた規則が細かく制定されています（主な法的義務は下記2参照）。

　規則は、例えば、ボイラー及び圧力容器安全規則、クレーン等安全規則、ゴンドラ安全規則、有機溶剤中毒予防規則、鉛中毒予防規則、石綿障害予防規則、事務所衛生基準規則などがありますが、近年相次ぐ法改正や産業技術の変化に応じて、頻繁に改正されています。これらは関係する事業主にとっては、いずれも知らないでは済まされないものですので、自らが営む事業に関する規則は、必ず確認しておくようにしましょう。

　そして、労安衛生法に定められた義務のうち、少なくとも、法的な義務

とされているものについては、必ず遵守しましょう。以下では、法的義務のうちの主なものを例示的に列挙します。

2　主な法的義務

①　安全衛生管理体制の整備	衛生管理者の選任（労安衛生法12①）、一定規模以上の会社では産業医の選任（同13①）や衛生委員会の設置（同18①）が義務づけられており、違反者には50万円の罰金が科されます。
②　機械・設備等の危険防止	労働災害防止措置を講じる義務が課されており（同30の2①、④）、違反すれば50万円以下の罰金となります。
③　安全衛生教育	安全衛生教育実施義務（同59①）や法令等の周知義務（同101①）があり、これらに違反したときも50万円以下の罰金が科されます。なお、安全衛生教育の一覧や就業制限業務の一覧については、中央労働災害防止協会（中災防）のウェブサイトが参考になります。
④　資格による就労制限	例えば、クレーンの運転など危険・有害な業務に就く場合、免許の取得や技能講習の修了などの就業の制限（就業制限業務）が設けられており（同61）、これに違反した場合には6月以下の懲役または50万円以下の罰金が科されます。
⑤　労働者の健康診断	事業者は、政令の定めに従い、労働者の健康診断を行う義務（同66）や健康診断結果を記録する義務（同66の3）を負っており、違反した場合には50万円以下の罰金刑が科されます。

⑥　各種報告義務	労災事故の報告（労働者死傷病報告）義務（同100）や労安衛生法や各規則で保存義務が定められている書類の保存実施義務（同103①）があり、これらに違反したときも50万円以下の罰金刑が科されます。なお、この報告を怠り、または虚偽の報告をした場合、いわゆる「労災隠し」となります。労基署では、労災隠しを厳しく取り締まっており、検察庁に書類送検されることが必至であるといわれています。

　いずれも重要な法的義務ですが、労安衛生法上の法的義務はこれらに限られたものではありませんので、事業主としては、弁護士などの各専門家に相談するなどして、確実に法令遵守を徹底することが必要不可欠といえます。

　なお、実際に社内で労災事故が発生したときには、業務上過失致死傷罪（刑法211条）として、より重い処罰（5年以下の懲役もしくは禁錮または100万円の罰金）が科される可能性もあります。労働環境の安全性確保を行ったときの刑事罰のリスクは、労安衛生法だけではないことにも留意が必要です。

(8) セクハラ・パワハラ対策

Q

社内でのセクハラやパワハラ防止のために、何をしておくべきでしょうか。

A セクハラ・パワハラ防止の指針を策定し、周知徹底するとともに、定期的に状況確認や、研修を実施し、違反者を処分するなどして再発防止に努めましょう。

解 説

1 セクハラ・パワハラで生じる企業リスク

社内で違法なセクシャルハラスメント（以下「セクハラ」といいます）やパワーハラスメント（以下「パワハラ」といいます）が発生したとき、そのセクハラやパワハラを行った従業員は、被害者に対して不法行為に基づく損害賠償責任を負います。

また、使用者である会社も、使用者責任や安全配慮義務違反に基づき、その従業員と連帯して損害賠償責任を負うことになります。

さらに深刻なのは、被害者となった人材の退職や、職場環境の悪化による他の従業員の退職といった、人材流出リスクのほか、現在のネット社会では、たちまちインターネット上で広まるなどして風評被害を受け、人材獲得等に支障をきたす可能性もあります。セクハラ・パワハラは、絶対に防止しなければなりません。

2　セクハラ・パワハラの定義

①　セクハラ

　厚労省によりますと、職場でのセクハラは、「職場」における「労働者」の意に反する「性的な言動」であり、これにより職場環境が害されることや労働者が不利益を受けることとされています。

　典型例として、性的な関係を強要することや必要なく身体へ接触することのほか、性的な事実関係を尋ねること、性的な内容の情報（噂）を流布すること、性的な冗談やからかい、食事やデートへの執拗な誘い、個人的な性的体験談を話すことなどが挙げられます。

　また、裁判例では、自身が好意を寄せていることを婉曲的に表現した手紙を渡したこと、入院中にほぼ毎日病院に面会に訪れたこと、誕生日にプレゼントを渡したことなどを不法行為と認定した事例（東京地判平成15年6月9日・裁判所ウェブサイト）、職場旅行の際にダンスをし、酔った勢いでベッドに上がったことなどにつき、性的目的や嫌がらせ目的がなかったことは認めつつ、性的不快感を与える行為であるとして、不法行為と認定した事例（東京地判平成16年1月23日・判タ1172号216頁）などがあります。

　なお、職場におけるセクハラには、異性に対するものに限られず、同性に対するものも含まれるとされています。

②　パワハラ

　厚労省によりますと、職場でのパワハラは、職場において行われる言動であって次の要素をすべて満たすものとされています。
- 優越的な関係を背景とした言動であること
- 業務上必要かつ相当な範囲を超えたものであること
- 職場環境が害されるものであること

客観的にみて業務上必要かつ相当な範囲で行われる適正な業務指示や指

導であればパワハラには該当しないとされていますが、そのような範囲を超える場合には違法なパワハラとなります。

　典型例として、暴行・傷害などの身体的攻撃、脅迫、名誉棄損、侮辱、暴言などの精神的な攻撃、仲間外れや無視など人間関係から切り離すこと、業務上明らかに不要なことや遂行不能な業務の強制等の過剰な業務指示、業務上の合理性がなく、能力や経験と無関係の簡単な仕事を命じることや、仕事を与えないといった過小な業務指示、過度に私的な事項に立ち入ることなどが挙げられます。

　また、裁判例では、上司から部下に対して「新入社員以下だ。もう任せられない」「何でわからない。おまえは馬鹿か」などと発言したことについて、注意・指導目的を認めつつも、屈辱を与え、心理的負担を過度に加えるもので、部下の名誉感情をいたずらに害するとして不法行為と認定した事例（東京地判平成26年7月31日・判時2241号95頁）、上司が部下に対し「意欲が無い、やる気がないなら会社を辞めるべきと思います。会社にとって損失そのものです。あなたの給料で何人雇えると思いますか」などと記載したメールを、ccに他の従業員も入れて、本人に送信した行為について、人の気持を逆撫でする侮辱的言辞と受け取られても仕方なく、名誉感情を徒に棄損するものであり、表現の許容限度を超えており不法行為が成立するとした事例（東京高判平成17年4月20日・労判914号82頁）などがあります。

3　セクハラ・パワハラ防止のために講じるべき措置

　セクハラについては、男女機会均等法により、職場でのセクハラ防止策を講じることが事業主に義務づけられています。また、パワハラについても、2019年5月にいわゆるパワハラ防止法（改正労働施策総合推進法）が制定され、事業主のパワハラ防止義務が明記されています（パワハラ防止法30条の2）。

　事業主が具体的に講じるべき措置については、主として以下のような事項が挙げられています。

　まず、事業主の方針の明確化およびその周知・啓発として、職場におけるハラスメントの内容やハラスメントがあってはならない旨の方針を明確化し、管理・監督者を含む労働者に周知・啓発します。

　また、ハラスメントの行為者については厳正に対処する旨の方針・対処の内容を就業規則等の文書に規定し、管理・監督者を含む労働者に周知・啓発します。そして、方針を周知した後、実際に労働者からの相談（苦情を含む）に応じて、適切に対応するために必要な体制の整備を行います。この観点からは、相談窓口をあらかじめ定めて労働者に周知し、相談窓口担当者が広く相談に対応し、内容や状況に応じて適切に対応できるように体制を整えておく必要があります。

　また、ハラスメントが発生した場合には、迅速かつ適切な対応をとることが求められます。この観点からは、まずは事実関係を迅速かつ正確に確認するとともに、事実確認ができた場合には、速やかに被害者に対する配慮の措置を適正に行い、かつ、行為者に対する措置を適正に行う必要があります。その後、さらに、事業主においては、再発防止に向けた措置を講じます。

4　セクハラ・パワハラの予防法務は優秀な人材の維持・確保につながる

　セクハラ・パワハラに関しては、損害賠償リスクの回避も重要ですが、より大切なことは、セクハラやパワハラを防止することで、働きやすい環境が整備され、それがひいては労働効率の上昇につながり、なおかつ優秀な人材の確保（優秀な人材の流出防止）につながるということです。これは企業の経営にとって極めて重要な施策といえますので、必ず実践しておくべきでしょう。

法務ワーク〜Home Work〜　　　●　ブラック企業リスト

　厚生労働省では、労働基準関係法令に違反した企業の実名と違反内容の概要を毎年公表しています。官公庁から「ブラック企業リスト」という名称の資料が公開されるわけではありませんが、これがいわゆるブラック企業リストと呼ばれています。

　また、これ以外にも、インターネット上で、就活サイトやまとめサイトなどにおいて、主に、テレビ、新聞、週刊誌、雑誌などのメディアや労働組合のウェブサイトなどで公になっている情報をもとに、「ブラック企業リスト」と名付けられたリストが公表されることもあります。

　情報化社会では、このようなリストに一度でも掲載されると、優秀な人材の採用が非常に困難となったり、取引先から敬遠されたりすることになります。

　事業者としては、法令違反で刑罰を受けること以上に深刻な影響を受けることになりますので、このようなレピュテーショナルリスク（企業の評判に関わる風評リスク）も十分に注意して経営をする必要があります。

(9) 社内不祥事の防止

Q

従業員の社内不祥事を防止するためには、どのような点に注意すべきでしょうか。

A 従業員による社内不祥事を防止するためには、まず、会社として、就業規則などで、どのような行為が許されないのか、それに違反した場合どのような処分になるのかを明確に示し、そのルールを従業員に周知徹底することが必要です。そのうえで、日々違反行為がないかのモニタリングを実施し、万が一違反行為があった場合には厳正に処分することが重要です。

解 説

1 不祥事防止の重要性

　会社では、従業員の会社内でのルール違反のほか、刑事罰に値するような従業員の金銭の横領・窃盗といった問題が起こることがあります。そのほかにも、最近では、SNSへの書き込み・投稿等によって、会社の名誉を棄損したり、業務妨害を行ったりする事例もあります。

　このような不祥事は、風評被害はもちろんのこと、従業員の書き込みにより客足が途絶えて閉店に追い込まれるといった例などもあり、会社としては、事前予防が極めて重要になります。

2 服務規律を定めてルールを明確化する

　不祥事防止のため、会社として、まずは、就業規則などにおいて、従業員が守るべきルールを「服務規律」として定め、許されない行為を「懲戒事由」として整理し、違反時の処分を定めておくなど、ルールを明確化しておく必要があります。

3 ルールの従業員への周知

　会社が定めたルールは、とにかく従業員に周知することが肝要です。周知徹底のポイントは、ルールを認識して、かつ理解してもらうことです。
　例えば、従業員が「就業規則があるのは知っていたが、従業員間の金銭の貸し借りが懲戒事由になっているとは知らなかった」ということがあります。会社としては、ルールの把握を労働者任せにするのではなく、会社としても積極的に従業員に認識してもらうよう努める必要があります。
　また、認識してもらうだけではなく、場合によっては、その意味する内容や禁止する理由もしっかりと理解してもらうことが肝要です。例えば「パワハラ・セクハラを禁止する」と書いていても、そもそも、従業員が、何がパワハラで、何がセクハラなのかをきちんと理解していなければ、結局意味がありません。
　また上述した金銭の貸し借りなども、そもそもなぜだめなのかといったことも含めて丁寧に説明をして、理解してもらうことが重要です。特に最近では、SNSへの書き込みがどのような犯罪に当たるかといったことを従業員に周知している会社も多くあります。
　会社としては、ルールを遵守してもらい、不祥事を未然に防止するためには、徹底した周知が必要であり、それによって従業員がルールを認識し、理解してもらうことが重要です。

4　ルール遵守のモニタリング

　ルールを明確化して、周知を行った後は、それが遵守されているかのモニタリング、すなわち日常的なチェックが欠かせません。例えば、仕入れ・納品・請求書等の書面化は、その1つの方法です。また、抜打ちでの調査・確認なども有益ですが、できれば従業員の自主的な取組みが理想ですので、一連の手続についての担当者を定めたうえで、その担当者が相互にチェックできる体制を作ることなども1つの方法です。

　また、社外の取引先を巻き込んだ不正もあります。場合によっては不祥事が起きる前に社外の取引先に、自社がコンプライアンス強化に取り組んでおり、不祥事の未然防止と撲滅のため、「不適切な行為を発見したときは、すぐに当社にご連絡ください」というような案内を配布することもあります。

5　厳正な処分と再発防止のための措置を講じる

　それでも実際に不祥事が生じることがあります。そのような場合、将来の不祥事を抑止するという意味では、本人の反省や更生を促すことが第一ですが、社内全体としては、不祥事を起こした従業員に対して厳正に対処・処分することも重要です。特に刑事犯罪にも該当する場合には、刑事告訴という方法も検討することになります。

　ただし、処分の前に十分な事実関係の調査を行うことは必須です。大企業では、この調査や処分の客観性・透明性・公平性確保のために、外部の専門家などによって構成さえる第三者委員会を利用することもあります。いずれにしても、不祥事が発生した際には、事後対応で、社内的および対外的に信用が回復されなければなりません。

　例えば、2014年にペヤングソース焼きそばに昆虫が混入していた事件で、当初製造ラインでは混入するはずがないと対応して、強い批判を受けまし

たが、すぐに方針転換し、社内調査後に、社内混入の可能性を認め、徹底的な再発防止策を策定して公開し、信頼回復に努めました。その結果、販売再開後に売上げを伸ばしたケースなどが参考になります。

　ところで、再発防止のために、懲戒処分を社内で公表したいというニーズもあるでしょう。この場合、処分を受けた者の名誉、信用に配慮が必要となります。

　具体的には、公表するにあたっては、会社にとって再発防止等で必要やむを得ない事情がある場合に、必要最小限の表現を用い、処分を受けた者の名誉、信用を可能な限り尊重した方法を用いて、事実をありのままに公表する必要があります（東京地判昭和52年12月19日・判タ362号259頁〔泉屋東京店事件〕）。

　例えば、再発防止や企業秩序の回復を図る観点からは、処分を受けた者の氏名までは公表しなくても、目的は達成されることが多いでしょう。

　他方で、個人が特定されない範囲で懲戒処分の内容や非違行為の概要を公表することは、どのような行為があればどのような処分がなされるかを周知するもので、再発防止の観点から許容されると考えられます。

　なお、再発防止のために懲戒処分を公表する可能性がある場合には、就業規則において、懲戒処分の社内公表に関する規定を設けておくべきといえます。

⑽ 従業員のメンタルヘルス

Q

最近、うつ病や過労死といった、従業員が心を病んでしまったという
ニュースをよく見ますが、会社としては、どのようなことに注意して
おく必要があるのでしょうか。

A 従業員のメンタルに配慮した職場づくりが、会社の生産性向上
等につながるため、メンタルヘルスに関連する法令を遵守する
ことを中心として、メンタルヘルスの問題が発生することを予防する
仕組みづくりが必要不可欠です。

解 説

1 メンタルヘルス問題を予防する必要性

　厚労省の「労働安全衛生調査（実態調査）」（2019年公表）によると、仕
事や職業生活で強い不安やストレスを感じることがある労働者は58.0％に
も達し、そのうち「仕事の質・量」に関するものが59.4％と最も多く、次
いで「仕事の失敗、責任の発生等」が34.0％、「対人関係（セクハラ・パ
ワハラを含む）」が31.3％となっています。

　事業主がこれを放置しておくと、従業員のモチベーションの低下、職場
環境の悪化、生産性の低下といった経営リスクはもちろん、労災事案（特
に過労死事案）ともなれば、会社の存続が危ぶまれる大きな賠償リスクを
負うことになります。また、問題がSNS等で社外に広まることは、取引
上も人材確保の点からもリスクにつながります。

事業主としては、従業員の心身の健康を守ることで、大きなリスクを回避し、円滑で効率的な事業運営ができるよう、適切な対策を講じなければなりません。「心身の健康は自己管理の問題」という経営者もいますが、そうした考えは残念ながら時代錯誤の考え方です。

2　メンタルヘルス問題の具体的予防策

　メンタルヘルスの問題は、国も大きな問題と捉えており、現在に至るまで様々な制度改正や新制度の導入が行われてきました。まずは、それらの制度を理解して確実に実施することが重要です。

　以下では、メンタルヘルス問題の予防に関する具体的な法令遵守に向けた取組みについて述べたいと思います。

①　労働基準法の遵守

　長時間勤務に代表される業務の過重な負荷が、心身の健康を害することはよく知られています。国も、2017年には、「労働時間の適正な把握に努めるために使用者が講ずべき措置に関するガイドライン」を策定し、2018年には、いわゆる働き方改革関連法により、時間外労働の罰則付き上限の設定、有給休暇取得の義務化などが行われました。

　企業としては、最低限、このような労働時間および有給休暇に関する規制を遵守し、従業員の休暇を確保し、サービス残業や違法残業を徹底的になくすための措置を講じる必要があります。

②　労働安全衛生法の遵守

　2014年には、労働安全衛生法（→④(7)172頁参照）が改正され、従業員50名以上の事業場においては、従業員のストレスチェックと、医師による面接指導を義務化する（ただし50名未満の事業場については当面の間努力義務とされています）とともに、努力義務として、職場環境の改善が勧めら

れています。

　この点、厚労省のホームページでは、ストレスチェック制度の実施マニュアルが掲載されており、参考になります。しかし、導入後最初の調査では、50～99人規模の事業場の実施率は、78.9％となっています。50名以上の事業場で実施していない会社は、確実な実施が急務です。

　他方で、ストレスチェックが義務ではない従業員50名以下の事業場でも、予防のためには、従業員のセルフケアや、定期的なストレスチェックを行うことが重要です。この点、例えば、厚労省のホームページの「こころの耳　働く人のメンタルヘルスポータルサイト」で公開されている情報や簡易なチェック方法などは参考になります。

③　パワハラ・セクハラ関連法の遵守

　いわゆるパワハラやセクハラが、精神的負荷となり、従業員のメンタル問題に発展することは、先ほどの統計結果からも明らかになっています。事業主としては、メンタルヘルス問題予防のためにも、パワハラ・セクハラ関連法を遵守するために適切な対策を講じておく必要があります（→④(8)176頁参照）。

3　予防のための仕組みづくり

　上記のような法令遵守に加えて、さらなる予防のための対策として、会社の規模や業種に合わせて社内独自の取組みを推し進めることも有効です。

　この点、厚労省のホームページでは、中小企業のメンタルヘルス対策の取組み事例が複数紹介されており、参考になります。例えば、従業員数25名の中小企業でも、社内で「心の健康づくり計画」を策定し、社内でメンタルヘルス推進委員会を設置して、従業員に定期的なセルフチェックを義務づけている会社があります。

　また、課長級以上の立場の従業員にメンタルヘルス研修を実施すること、

衛生委員会等を設置してメンタルヘルスに関する取組みや最新の情報を共有すること、メンタルヘルスの相談窓口を設置することのほか、産業医がいない（設置が義務化されていない）会社でも、医師などの専門家と連携していくことは有益です。

　なお、50名以下の事業場で、産業医を導入する企業や、ストレスチェックを行う企業が利用できる助成金制度もありますので、その活用を検討されることをお勧めします。

　さらに、実際にメンタルヘルスの問題が発生した際に、会社の安全衛生委員会で原因を検討し、対策を実施すること、さらにはメンタルヘルス不調で休職を余儀なくされた従業員の職場復帰を支援する制度を導入するといったことも重要です（→④⑾189頁参照）。

⑾ 休職制度の整備

Q

休職制度を整えようと思うのですが、休職や復職をめぐるトラブルを
防止するためには、どのような点に注意して定めておく必要があるの
でしょうか。

A 休職制度は、法律上具体的な定めがなく、使用者が、その休職
を認める目的に応じて、合理的かつ具体的な規定を就業規則に
定めておく必要があります。特に、私傷病休職の制度は重要で、新型
うつ病や、精神疾患への対応には留意する必要があります。

解　説

1　休職制度の種類

　休職には、私傷病休職、自己欠勤休職、起訴休職、懲戒休職、出向休職、
自己都合休職、組合専従期間中の休職などがあります。

　なお、私傷病休職とは、病気休職とも言われ、業務外の傷病による長期
欠勤が一定期間に及んだときに行われるものです。

　自己欠勤休職とは、傷病以外の自己都合による欠勤が一定期間に及んだ
ときに行われる休職です。休職期間満了時に出勤可能とならなければ、自
然退職または解雇となります。解雇する場合は就業規則に従いますが、自
然退職の場合は、休職命令自体が解雇予告の意味も含むものとして、休職
期間を30日以上とする必要があります。

　また、自己都合休職とは、一般に、公職就任中や、海外留学中などにな

されるものです。

2　休職制度に関する規制

　休職制度については、法律での具体的な規制はないため、休職制度の目的、機能、内容の合理性、労働者の受ける不利益等を勘案して有効性が判断されます。

　使用者は、休職制度を導入するときは、合理的な制度を設けておかなければなりません。以下では、特に問題になることの多い私傷病休職の制度設計について説明します。

3　私傷病休職制度において定めておくべき事項

　前記のとおり、休職に関する具体的な法律の規制はないため、実務では、休職は労働者の当然の権利として理解されている例もあり、就業規則の定め方をみても、労働者の当然の権利かのように規定されているものもしばしば見受けられます。

　しかし、休職制度は、従業員が完全な労務を提供できず債務不履行状態となっているときに、本来解雇されるべきところ、使用者が、解雇を一定期間猶予する「解雇猶予措置」（あるいは雇用契約を維持しつつ就労を免除または禁止する契約停止措置）になります。

　したがって、休職を認めるか否かは、あくまで使用者が決定すべき事項として制度設計を行うべきです。このような前提で、使用者は、私傷病休職については、就業規則で、次のような事項を定めておくべきでしょう。

①　休職の要件

　まず、治癒する可能性がなければ、休職を認める意味がないため、治癒する可能性があることを休職の要件として定めるべきです。また、心身と

もに健康で、通常の労務提供ができるかを判断するべき試用期間について
は、原則として休職を認める必要はないと考えられます。

②　新型うつ病対応

　近年、うつ病といっても、「従来型うつ病」とは異なる、いわゆる「新
型うつ病」による従業員の休職が課題となっている企業が多くあります。
新型うつ病とは、医学的定義はありませんが、一般に、朝、会社に行こう
としたり、仕事をするときには、うつ症状がみられる一方で、私生活の面
では健康な人と同様に生活でき、中には海外旅行ができたりするという症
状をいいます。「適応障害」「ストレス反応」という病名が付くこともある
ようです。

　このような新型うつ病の従業員は、休職を認める必要性がないと考えら
れます。なぜなら、私生活では一般人同様に趣味は楽しめるが、会社での
仕事だけができないという従業員については、解雇を猶予する必要性はな
いと考えられるからです。

　そのため、就業規則では、休職の対象となる傷病については、「私生活
においても療養が必要となる傷病」と限定しておくべきでしょう。また、
休職期間は、傷病を治癒させることが目的であることから、休職期間中の
療養専念義務も明記しておきましょう。

③　休職期間中の対応

　休職期間中は、労務提供ができない以上、無給とするのが原則であり、
就業規則でもその旨を明記しておくべきです。また、有給休暇の付与や退
職金算定時の勤続年数に算入しない等規定を入れておくことも必要でしょ
う。

　ただし、従業員が健康保険に加入している場合には、概ね月給の3分の
2程度の傷病手当金が支給されますので、かかる制度の活用には協力しま
しょう。

④　**期間満了時の対応**

　休職制度で難しいのが、復職です。例えば、復職を求める従業員が、「短時間であれば就労可能」と記載された診断書を提出することがあります。

　就業規則で明確な復職基準を定めていない場合、従業員が復職を求める裁判では、この診断書の記載に沿って、使用者が合理的な対応をしたかという議論がされ、的確な反論が難しいことが多いというのが実情です。しかしながら、このような労務提供が労働契約の内容として求められる水準ではない以上、会社が求める労務内容を具体的な復職基準として定めておき、裁判となった場合も、その基準に達しているか否かを議論の中心にすべきです。

　また、復職は、前記のとおり「治癒」が前提であり、単なる診断書ではなく、主治医による治癒証明書の提出を義務とするべきです。ただし、精神疾患では、「治癒」の判断が難しい場合も多く、使用者が主治医と面談することに協力すべき義務のほか、使用者が指定した医師への受診命令権、さらには復職の取消制度などを定めておくことが有益です。

　他方で、休職期間満了時に復職の基準を満たさない場合には、解雇ではなく、当然退職とする旨も明記しておくべきでしょう。というのも、そのような規定がない場合は解雇とせざるを得ず、解雇に関する法規制が及ぶことになり、解雇予告手当の支払が義務づけられることになるからです。

⑿ 未払残業代リスクの回避

Q

最近、退職後に残業代を請求されたという話をよく聞くのですが、こうした残業代請求を予防するためには、どのようなことに注意しておくべきなのでしょうか。

A

当たり前のことですが、未払残業代が発生しないようにするためには、厚生労働省のガイドラインなどを参考に適切に労働時間を把握したうえで、正確に残業代を算定して支払うことが何よりも重要です。不必要なまたは意図しない残業が発生しているときは、残業禁止命令等も検討しましょう。

解　説

1　未払残業代リスクと対策の重要性

残業代が支払われない残業については、「サービス残業」という言葉もあります。サービス残業は違法な状態ですが、残念ながら、今でも未払残業代問題は、数多くの企業で課題となっています。

使用者は、未払残業代について、何も対策をとらずに放置していると、過去数年間に遡って残業代を請求されるほか、これに付加金（残業代の倍額の支払）や特別法（賃金の支払の確保等に関する法律）に基づく年14.6％の遅延利息などで膨らんだ、高額の残業代請求を受けるリスクがありますので、必ず適正な対策をしておくべきです。

例えば、午前9時から午後6時が所定労働時間であるにもかかわらず、

仕込みや準備で午前6時から午後8時頃まで働いていたという料理人の
ケースや、基本給が高額な医師や会社員のケースなどで、裁判所から、付
加金も併せて1,000万円を超える残業代の支払が命じられた例も少なくあ
りません。

　法令遵守や職場環境の整備の観点からはもちろんですが、このようなリ
スクを考えれば、費用をかけてでも、未払残業代が発生しない仕組みづく
りは必要不可欠です。以下では、未払残業代問題を予防するための主なポ
イントを整理します。

2　適正な時間把握

　まず、残業代請求を予防するための基本になるのが、従業員の労働時間
を適正に把握するということです。労働基準法では、従業員の労働時間、
休日、深夜業等について定められており、一般に、使用者は、従業員の労
働時間を適切に把握・管理する責務を負っているとされています。

　労働時間を把握するための方法として参考になるのは、厚労省のウェブ
サイトで公開されている「労働時間の適正な把握のために使用者が講ずべ
き措置に関するガイドライン」です。これは使用者が必ず確認しておくべ
きものといえます。

　このガイドラインによりますと、労働時間を把握するための原則的な方
法は、使用者が自ら現認すること、または、タイムカード、ICカード、
パソコンの使用時間などの客観的な記録によることとされています。外出
業務が多い場合などで、これが難しい場合には、従業員の自己申告による
とされていますが、この場合、従業員への説明、客観的事実と乖離すると
きの実態調査、適正な申告を阻害する制限をしないことなどが求められま
す。

　労働時間の適切な把握と管理は、使用者の責務であり、すべての基本に
なるものですから、必ず実施しましょう。最近では、パソコンやスマホで

クリックするだけで、出退勤時間を記録し、残業代計算もしてくれるソフトなどもあります。労働時間管理、給与計算、残業代計算の手間を減らす意味でも、こうしたソフトを導入してみてもよいかもしれません。

　なお、管理監督者やみなし労働時間制が適用される労働者については、このガイドラインの対象ではないとされています。

3　固定残業代の注意点

　残業代計算の手間を省く目的などで、固定残業代を導入している会社もあります。しかし、固定残業代が無効と判断されると、固定残業代も通常の賃金に加算され、残業代計算の基礎となる賃金額が上昇し、かつ残業代が未払いであったことになるため、使用者は二重の負担を強いられることになります。そのため、仮に導入する場合には無効とされることのないように慎重に行う必要があります。

　この点、判例では、

① 　固定残業代が割増賃金の趣旨で支払われていること（対価性）

② 　割増賃金部分が、それ以外の賃金部分と明確に区別できること（明確区分性）

③ 　実際の割増賃金額に不足する場合には、差額が支給されていること（差額支払）

の3要件を充足する場合に有効とされています（最判平成24年3月8日・労判1060号5頁〔テックジャパン事件〕、最判平成30年7月19日・労判1186号5頁〔日本ケミカル事件〕など）。

　そこで、固定残業代が有効と認められるためには、それが割増賃金として支払われるものであり、就業規則や給与明細において他の賃金と区別されており、かつ、実際の残業代が固定残業代を超過する場合にはその越えた部分を加算して支払うという実態が必要です。そのため、結局は、会社としては、適正な労働時間管理や残業代計算が必要ということになります。

4　みなし労働時間制の注意点

　みなし労働時間制とは、実労働時間の把握が難しい業務について、実際に働いた時間とは関係なく、事前に定めておいた時間分だけ働いたものとみなして賃金が支払われる制度です（労働基準法38条の２）。

　この制度が適用されると、実際の労働時間にかかわらず、事前に定めておいた時間分の賃金だけを支払えば足りるため、残業代が抑制できるという見方もあります。

　しかしながら、みなし労働時間制は、可能な限り実際の労働時間に近づけることが求められます。また、本来支払うべき残業代の支払を免れるものではありません。こうしたことから、みなし労働時間制は誤解が多い制度であるといえます。以下では、事業場外労働によるみなし労働時間制について説明します。

　この制度を適用するためには、「労働時間の全部または一部について事業場外で業務したこと」と「労働時間を算定し難いこと」の２つの要件が必要です。この点、電話やメールなどで随時上司と連絡を取り合って指示を受けている場合、毎日業務日報を提出する必要がある場合、外回りを終えるときに会社の指示で会社に連絡する必要がある場合などにおいては、「労働時間を算定し難い」と認められない可能性が高く（昭和63年１月１日基発第１号参照）、情報化社会の現代においては、実際のところ、「労働時間を算定し難い」と認められるケースは少ないでしょう。

　裁判例では、海外ツアーの添乗員につき、行程管理がされており、携帯電話で随時会社への報告や相談を行っていた事例で、労働時間を算定し難いとはいえないと判断されたものがあります（最判平成26年１月24日・労判1088号５頁〔阪急トラベルサポート事件〕）。

　他方で、自ら決めたスケジュールで顧客を訪問し、商品説明や販売契約の勧誘を行う営業職員につき、上司が実際の移動などを詳細に確認してい

196

なかった事例で、労働時間を算定し難いと判断されたものがあります（東京地判平成30年1月5日・労経速2345巻3頁〔ナック事件〕）。

　いずれにしても、みなし労働時間制の要件を充足しているか否かは、実質的に判断されますので、導入するときは、当該業務が実際に労働時間を算定し難いといえるかどうかを慎重に検討することはもちろん、労働時間とみなす時間を適切に定めることや、従業員に対する指示・命令が最小限になされるようにするという運用上の工夫が必要です。

5　残業禁止措置の重要性

　残業代請求がなされた場合、会社側から「勝手に会社に来ていただけで仕事はしていない」という反論がなされることがあります。しかしながら、裁判例（大阪地判平成15年4月25日・労判849号151頁〔徳洲会野崎徳洲会病院事件〕）では、仕事に納期があったこと（残業せざるを得ない事情）や、会社が残業を減らす努力をしていなかったこと（残業を容認していたという事情）から、黙示の残業命令があったとして、残業代の支払が命じられたものがあり、実際にはそのような反論が認められないケースも多いといえます。

　そこで、会社としては、使用者が予定していないような残業を従業員がしている場合には、仕事の納期を調整するなど業務の管理を適正に行い、実質面において残業の抑止に努めるとともに、形式面においても、朝礼等での通知の他、書面やメールなどで、明確に残業禁止を命じておく必要があります。

　この点、残業禁止命令も考慮されて、残業代請求が認められなかった事例（大阪地判平成5年12月24日・労判765号68頁〔高島屋工作所事件〕）、東京高判平成17年3月30日・労判905号72頁〔神代学園ミューズ音楽院事件〕）は、参考になります。

法務ワーク〜Home Work〜　　● 本当に怖い未払残業代請求

1　付加金・遅延損害金リスク

　コンプライアンス（法令遵守）の観点からは、当然、残業代計算は適切に行い、支払うべきときに支払わなければなりません。また、経済的な観点からは、事後的に残業代請求が認められた場合に使用者に課せられる制裁である付加金と遅延利息が多額になることも珍しくありません。

　すなわち、残業代請求の裁判では、裁判所は、未払残業代と同額の付加金の支払を命じることができます（労働基準法114条）。そこで、裁判で負けると、使用者は、本来支払うべき残業代の2倍の金額を支払うことが義務づけられるのです。

　また、残業代請求は、従業員の退職後に請求される場合が多いですが、退職した労働者に退職日までに賃金を支払わなかった場合、年14.6％の遅延利息をつけて支払う義務があります（賃金の支払の確保等に関する法律6条1項）。

　未払残業代が支払われるまで、交渉期間も含めると2年から3年程度の時間を要することも多く、その間にも遅延利息が加算されますので、最終的にはかなりの金額になる場合もあります。従業員が一斉に退職して、一斉に未払残業代を請求するというケースもよくあり、そのような連鎖が起これば、使用者の経済的負担は計り知れないものとなります。

2　役員個人が残業代支払を命じられる可能性もある

　さらに、使用者である会社の役員が、未払残業代が発生しているという違法状態を知りながらこれを放置した場合、この役員個人に従業員に対する損害賠償責任が認められる場合もあります。

　例えば、会社が倒産の危機にあって割増賃金を支払うことが極めて困難な状況にあったなどの特段の事情がない限り、取締役の善管注意義務ないし忠実義務に違反する任務懈怠が認められるとして、取締役個人に対して、未払残業代相当額の支払を命じた裁判例があります（大阪地判平成21年1月15日・労判930号

43頁〔昭和観光事件〕)。

　このように、会社経営者としては、残業代の問題を放置しておくと、個人的な損害賠償リスクを負うことにもなりますので、やはり残業代の管理は極めて重要であるといえます。

　以上のように、未払残業代請求の問題は、会社のみならず、役員個人も想定外の経済的負担を負わされるリスクがありますので、紛争化したときのコストを考えると、相応のコストをかけてでも、事前に真剣に取り組んでおくべきものといえます。

⑬ 雇止めの留意点

Q

契約社員やパート従業員については、契約期間が満了したときに、契約を更新するかしないかを使用者が自由に決めて問題ないでしょうか。

A

契約社員やパート従業員であっても、契約更新を重ねるなどして、正社員と同一視できる場合や、契約更新に合理的な期待が生じているときは、自由に契約更新を拒否することはできません。

解 説

1 雇止めの法規制

有期労働契約について、期間満了時に契約の更新を拒否すること（雇用契約を終了させること）を一般に「雇止め」といいます。雇止めについては、労働者保護のために労働契約法において規制がなされています。

具体的には、有期労働契約が反復更新されたことで実質的に期間の定めのない労働契約と同視できる場合（労働契約法19条1号）や契約が更新されることについて合理的な期待が認められる場合（労働契約法19条2号）には、雇止めが制限されます。

雇止めが客観的に合理的な理由を欠いており、社会通念上相当であると認められないとすれば、当該雇止めは無効とされます（労働契約法19条1号）。雇止めが無効とされた場合には、契約が当然に更新されることに注意が必要です。

なお、期間満了時の更新拒否ではなく、契約期間中の解雇については、

さらにやむを得ない事由が必要であるとされており、雇止めの基準よりも
厳格に判断されることになります（労働契約法17条1項）（→④(14)204頁参照）。

2　どのような場合に雇止めが制限されるか

　実質的に期間の定めのない契約と同視できるか、あるいは契約更新につ
き合理的な期待が認められるかは、主として以下の要素を総合的に考慮し
て判断されます。

①　反復更新の状況（有無、回数、期間等）
②　契約の更新管理の厳格性（契約書の事前作成、契約内容、満了前の
　　更新手続の有無、更新時の方法（面談の有無）等）
③　同様の地位にある他の従業員の雇止めの有無
④　継続雇用を期待させる当事者の言動の有無

　以上の要素を踏まえて、実質無期雇用と同様または更新の合理的期待が
あると判断される場合は、雇止めが制限されることになります。例えば、
①に関して、2か月の有期雇用が22年間反復更新され、正社員と同様の業
務に従事してきたレンタカー・カラオケ店のアルバイトについて、実質的
に正社員と同様であると判断された事例（津地判平成28年10月25日・労判1160
号14頁、名古屋高判平成29年5月18日・労判1160号5頁〔ジャパンレンタカー事件〕）
があります。反復更新の状況が重視されたわけです。
　これに対して、②に関して、3か月の有期契約を10年にわたって33回更
新されたカフェアルバイトについて、更新手続がきちんとなされるととも
に、当人もアルバイトを掛け持ちして勤務頻度が減少していた事案につい
て、更新の合理的期待がないとされた事例（東京地判平成27年7月31日・労判
1121号5頁〔カフェベローチェ事件〕）があります。この事案からは手続を厳格
に行うことの重要性が窺われます。

さらに、③が重視されたものとして、国立大学の助教で採用された者が契約の更新を拒否されたところ、他の多くの助教が再任されていることなども考慮され、更新の合理的期待があるとされた事例があります（東京地判平成26年7月9日・労判1105号49頁〔国立大学法人東京医科歯科大学事件〕）。

3　予防法務の観点からみた企業のあるべき対応

　以上を踏まえると、更新するか否か確定していない有期労働契約者については、契約更新時には、都度面談や契約書を再作成して更新手続を厳格に行うとともに、更新の期待を抱かせる言動は控えるべきです。

　また、更新を予定していない場合や、ある特定の時限的な事業やオープニング等一時的な業務に従事するなど、契約期間が決まっている場合には、更新の上限期間なども明記しておく必要があります。

　使用者としては、人材採用は、目的意識をもって計画的に行い、また会社の実情や本人の適性などから、継続雇用を求めない場合には、一定期間で雇止めを実施することが重要です。そして、能力不足の場合であっても、更新時に面談して改善を促すとともに、改善されなければ雇止めを行う旨をあらかじめ説明しておきましょう。

　他方で、長期間更新が継続する場合には、その契約社員やパート従業員は事業にとって必要な人材と考えられます。正社員採用に向けての教育や人材育成に取り組むべきといえます。

4　雇止めする場合の留意点

　雇止めが制限されない場合であっても、雇止めをするには、適正な手続によることが必要となります。

　まず、雇止め予告として、有期労働契約が3回以上更新されているか、または1年を超えて継続雇用している場合は、契約書等であらかじめ更新

しない旨を明示されている場合を除き、期間満了の30日前までに、雇止めの予告をしなければなりません。

また、雇止めの理由の明示として、雇止めの予告後に、労働者が雇止めの理由についての書面を請求した場合、使用者は、遅滞なくこれを交付しなければなりません。

なお、雇止めの理由は、期間満了とは別の理由（例：不更新合意、担当業務の終了、事業縮小、能力不足、非違行為）を記載しなければならず、有期労働契約を締結する際は、更新の判断基準をできる限りくわしく記載しておくことが使用者にとっても有益といえます。

⑭ 解雇にあたっての留意点

Q

従業員を解雇するときに、よくトラブルになると聞きますが、どのような点に注意しておくべきでしょうか。

A 従業員の解雇は、最も労使紛争が生じやすい場面の1つです。紛争予防のためには、各解雇の一般的なルールを遵守するほか、各解雇理由に応じた手続を踏まえて、慎重に行う必要があります。

解　説

1　解雇するときのリスク

　解雇は労使紛争で最も多い事例の1つであるといえます。客観的・合理的な理由を欠いており、社会通念上相当と認められない解雇は無効とされます。裁判等で争われて解雇が無効とされた場合、従業員には労働者としての地位が残るため、争った期間の賃金を当該従業員に全額支払う義務があります。

　また、使用者が、不合理な理由で不当な解雇をしたときは、不法行為として慰謝料支払義務が生じることもあり、注意が必要です。

　予防法務の観点からは、使用者が従業員を解雇するときは、あらかじめ解雇の各類型に従った留意点を十分に検討したうえで判断することが重要です（次頁以降参照）。なお、解雇と似て非なるものとして、退職勧奨がありますが、こちらも注意が必要です（208頁 法務ワーク〜Home Work〜 参照）。

2 解雇の類型

解雇は大きく4種類に分けて類型化することができます。

第1類型 (普通解雇)	労務提供が不能な場合、勤務成績が著しく不良な場合、あるいは適格性が欠如・喪失した場合の解雇
第2類型 (懲戒解雇)	従業員に規律違反行為があった場合の解雇
第3類型 (整理解雇)	廃業や倒産した場合のほか、経営上の理由により人員整理が必要な場合の解雇であり、一般にリストラと呼ばれるもの
第4類型	ユニオン・ショップ協定に基づく解雇 (ここでは割愛します)

以下では、各類型に応じて、解雇する際の留意点について説明します。

3 普通解雇の留意点

労務提供が不能な場合として、労働者が業務外の私傷病により復帰不能となった場合の解雇 (普通解雇) が問題になります。これについては簡単には認められないとされており、安全配慮義務の観点から、業務内容・勤務時間の配慮や傷病休暇、傷病休職などの休業制度の利用により療養の機会を与えることなどが求められます。

なお、労働者が業務に起因する傷病で療養している場合には、療養のための休業期間およびその後30日は解雇してはならないとされています。ただし、療養開始後3年経過しても傷病が治らない場合には、打切補償を支払って、解雇することが可能です (労働基準法19条)。

また、勤務成績不良者については、成績不良が、解雇を正当化する程度の内容・程度のものなのかが慎重に検討されることになります。例えば、長期間雇用されている従業員は、過去の勤務実績等も勘案して、比較的解

雇が難しく制限される傾向にあります。

　他方で、中途採用で専門的な能力を買って採用されたものの、能力が著しく不十分な場合は、比較的解雇が認められやすいといえます。

4　懲戒解雇の留意点

　懲戒解雇は懲戒処分としてなされるものですが、懲戒処分は、問題となる労働者の行為の性質および態様その他の事情からして、客観的に合理的な理由があり、かつ社会通念上相当なものでなければ無効とされます（労働契約法15条）。

　そして、懲戒解雇は、その懲戒処分の中でも最も重い処分ですので、特に厳格に判断されます。具体的には、行為の悪質性、原因、労働者の従前の勤務態度、反省の程度、従前の懲戒処分の有無等を総合的に考慮して判断しますが、就業規則に定めた懲戒手続（懲罰委員会等）がある場合には、その手続を必ず踏まなければなりません。

　特に留意すべきは、解雇予告と退職金です。労働基準監督署長の除外認定（認定のハードルは高いです）がない限り、懲戒解雇でも解雇予告手当の支払義務があります（労働基準法20条）。

　また、それまでの功績を帳消しにしてしまうほどの重大な非違行為が認められない限り、退職金も支払う必要がありますので、退職金の支給の要否は慎重に検討しましょう。

5　整理解雇の留意点

　整理解雇の有効性は、以下の4つの要素が総合考慮されて判断される傾向にあります。整理解雇の場合にはこれら4つの要素を念頭に置く必要があります。

① 人員削減の必要性	事業規模の縮小、不況、経営不振等経営上の十分な必要性、あるいは企業の合理的な運営上やむを得ない事情
② 人員削減の手段として整理解雇を選択する必要性	例えば、配転、出向、一時帰休、希望退職者の募集等解雇回避努力を尽くしたこと
③ 被解雇者選定の妥当性	客観的に合理的な基準を設定し、公正に人選すること
④ 手続の妥当性	使用者や労働組合に対し、納得を求めるために十分な説明を行ったこと

　なお、①については、経営危機ではなく、経営合理化や競争力強化といった理由でも必要性が認められる傾向にあります（大阪地判平成12年12月1日・労判808号77頁〔ワキタ事件〕）。

　また、②については、小規模企業ゆえに配転等の解雇回避措置が困難として、解雇（雇止め）を有効と判断した例もあります（東京地判平成13年7月6日・労判814号53頁〔ティアール建材・エルゴテック事件〕）。

6　その他の留意点

　以上のほか、解雇は、就業規則に記載された事由が認められなければ解雇できないという見解もあります。したがって、就業規則には、考えられる限り網羅的に解雇事由を記載しておき、必ず最後には「その他前各号に準じる重大な事由」も含む旨を明記しておくべきでしょう。

　また、法律上禁止されている解雇事由として、国籍、信条、社会的身分（労働基準法3条）、組合員であること又は正当な組合活動をしたこと（労働組合法7）、性別、婚姻、妊娠、出産、産前産後休業（雇用機会均等法6条、9条）、障がい者（障害者雇用促進法35条）、育児介護休業（育児介護休業法10条）、公益通報者（公益通報者保護法3条）、パワハラの相談（労働施策総合推進法30

条の2）などが挙げられていることに注意しましょう。

法務ワーク〜Home Work〜 ━━● 退職勧奨を行う際の留意点

　不況時の人員削減や成績不良者の退職を促すために、使用者は、労働者を一方的に解雇するのではなく、労働者に退職を勧奨する場合があります。

　この点、退職勧奨はあくまでも労働者の自主的な退職を求めるものですから、労働者の任意の意思を尊重することが必要です。

　使用者が、社会通念上相当と認められる程度を超えて、労働者に不当な心理的圧力を加えたり、その名誉感情を不当に害する言葉を用いたりする場合、そのような退職勧奨は違法（不法行為）とされ、損害賠償責任を負います。

　例えば、無意味な仕事をさせること（嫌がらせ行為）や他の従業員に働きかけて社内で孤立させること、人格否定や侮辱的発言をして退職を強要することは違法となるでしょう。

⒂ 退職後の競業を禁止する際の留意点

Q

従業員が独立開業して取引先を奪ったりしないよう、就業規則に競業
避止義務を定めており、退職する際にも競業避止義務を定めた誓約書
を作成しています。予防法務の観点からは、この対応で万全でしょう
か。

A

就業規則や誓約書で競業避止義務を確認しておくことは大切な
ことですが、退職後の競業避止義務は職業選択の自由を制限し
ますので、無効とされることのないよう、制限する期間、地域、範囲
を合理的なものに限定するほか、代替措置を講じておくことも検討す
べきです。

解　説

1　競業避止義務の問題

　労働者は、労働契約の存続中は、使用者の利益に反する競業をしてはな
らないという競業避止義務があり、これに違反したときは、就業規則に
従った懲戒処分や損害賠償請求がなされます。

　もっとも、実務上は、労働者の競業避止義務については、退職後の競業
避止義務、すなわち、退職後に同業他社に就職する場合や、同業他社を開
業する場合に問題となります。具体的には、使用者は、退職金の不支給・
減額、損害賠償、競業避止義務違反による事業差止請求という形で争うこ
とになります。

一方で、労働者には職業選択の自由があることから、退職後の従業員には労働契約存続中のような一般的な競業避止義務は認められず、合理的な範囲でのみ認められます。

2　退職後の競業避止義務が有効とされるための工夫

①　競業避止義務の明確化

　まず、入社時や退職時の誓約書、雇用契約書や就業規則等で、明確に退職後の競業避止義務が記載されている必要があります。元従業員であるからといって、契約上の根拠なく、当然に退職後に競業避止義務を負うとされるものではありません（東京地判昭和47年11月1日・労判165号61頁〔久保田製作所事件〕）。ただし、不正競争防止法にいう営業秘密を使用した競業は、同法の規制によって、契約上の根拠がなくても制限が可能となります）。

　この点、退職時には誓約書を取得しにくいことも多く、あらかじめ入社時誓約書や就業規則で明確にしておくべきといえます。

②　合理的な範囲で制限する

　退職後の競業避止義務に関しては、契約上の根拠があっても、職業選択の自由の観点から、合理的な範囲の制限でなければ、公序良俗違反（民法90条）として無効とされる可能性があります。実際に無効とされるかどうかは、以下の要素を踏まえて、競業避止義務を課す目的に照らして合理的な範囲か否かが検討されます。

- 目的の正当性（守るべき企業の利益があるか）
- 従業員の地位（経営への関与がどの程度であったか）
- 地域の限定の有無（例えば、日本全国とするより特定の市町村およびその隣接市町村とするほうが有効と認められやすい）

- 競業避止義務の存続期間
- 避止される競業行為の範囲
- 代償措置が講じられているか（高額の退職金や特別な手当があれば有効とされやすい）

なかでも重要となるのが競業避止義務の存続期間です。これまでの裁判例をみても、存続期間が何年であれば有効・無効などと一律には決められません。

もっとも、経済産業省がまとめた資料（「秘密情報の保護ハンドブック～企業価値向上に向けて～」「参考資料5　競業避止義務契約の有効性について」）では、競業避止義務が争われた裁判例が多く整理されており、例えば、1年以内の期間では有効と判断される傾向にある一方、5年以上の場合に無効とされやすく、2年～3年程度の期間では判断が分かれていることなどが読み取れます。

③　予防法務の観点からさらに考えられること

退職後の労働者に競業避止義務を課す場合には、まず就業規則等で根拠を明確にしておくことが重要です。労働者に対する事実上の牽制効果を考えれば、就業規則のみならず、これに加えて、入社時や退職時に誓約書を取得することも有効と考えられます。

また、この際、現実的な競業リスクが生じる範囲を踏まえて、競業を禁止する業務、期間、顧客、エリアなどを具体的に限定すれば、より実効性・有効性は高まるといえます。さらには、場合によっては特別の手当の支給など、代替措置を講じることも検討すべきと思われます。

3　競業避止義務違反を理由とする処分

ところで、競業避止義務違反が発覚した場合に、退職金の不支給や減額

などの処分を行うことが考えられます。しかし、そのような処分をするには、就業規則や退職金規程に根拠となる規定が必要です。したがって、必ず退職金規程や就業規則にその旨を明記しましょう。

　なお、競業避止義務違反による退職金の不支給や減額の規定があっても、不支給や減額が認められる範囲は、競業の態様等を考慮して、勤務中の功労に対する評価が減殺されると認められる合理的な範囲に限られます（最判昭和52年8月9日・労経速958号25頁〔三晃社事件〕）。

　また、競業避止義務の態様として、大量の従業員の引抜き、秘密漏えい、顧客奪取など、悪質性が認められる場合には、労働者に対する損害賠償が認められることがあります。この点、裁判所は、簡単には損害賠償責任は認めません（最判平成22年3月25日・民集64巻2号562頁〔三佳テック事件〕）。

　もっとも、在職中に得た取引先の情報を持ち出して顧客を奪おうとした事案（東京地判平成5年1月28日・労判651号161頁〔チェスコム秘書センター事件〕）、在職中に内密に計画して従業員を大量に引き抜き企業運営に重大な支障を生じさせた事案（東京地判平成3年2月25日・労判588号74頁〔ラクソン等事件〕）などでは、損害賠償責任が認められています。

⒃ 緊急事態に備えた労務管理

Q

新型コロナウイルス感染症のような感染症や災害が発生したときに備えて、使用者としては、労務管理上どのような対応を講じておくべきでしょうか。

A

労務管理の観点からは、リモートワークに関する制度を導入することが有益です。また、感染症対策という点では、満員電車での通勤を回避するため時差出勤制度を整えておくことも有益でしょう。その他、具体的な想定を踏まえて安全配慮義務を踏まえて従業員の生命・身体を守りつつ、事業継続を図る仕組みを整えておく必要があります。

解　説

　2011年の東日本大震災では主に東北地方で、2020年の新型コロナウイルス感染症では日本全国で、平常時と同様の企業活動が難しくなりました。それでも、使用者は、従業員を守りながら、同時に事業を守る必要があります。予防法務の点でも、大災害に備えておくことの重要性が浮き彫りになりました。

　そこで、以下では特に労務管理の観点からの大災害への対策について整理します。一定の労力・コストを要するものもありますが、大災害に備えた組織を作り上げるため、ぜひご検討ください。

1 テレワークの定義

テレワークとは、インターネット等の情報通信技術（ICT）を活用した就労形態です。具体的には在宅勤務、モバイルワーク、サテライトオフィス勤務等があります。勤務中や通勤中の感染を防止でき、また災害時にも通信インフラが維持されていればテレワークでの就労が可能となります。

テレワークにはさらに、育児や介護中の従業員の離職防止のほか、遠隔地の優秀な人材の確保等のメリットがあり、平常時でも有益な仕組みです。したがって費用をかけてでもテレワークを導入すべきと思われます。

なお、厚労省ウェブサイトの「テレワーク総合ポータルサイト」では、テレワークの導入事例や関連資料が公開されており、参考になります。

① 導入手続

テレワークは、労働時間や勤務場所等に変更がなければ、就業規則の変更は不要ですが、従前の就業規則では対応できない事項については、就業規則またはその細則（「テレワーク規程」等）で定めることが必要です。

具体的には、テレワークを命じる事項や、テレワーク用の労働時間を設ける場合にはこれに関する事項、通信費等の負担に関する事項などがありますが、その他の事項を定めても構いません（厚労省ウェブサイト掲載の「テレワークモデル就業規則〜作成の手引き〜」参照）。

② 導入にあたっての留意点（労働時間の管理、業務の選定、助成金の活用等）

テレワークで働く従業員についても、労働時間を管理する必要がありますが、勤務態様を現認することが難しいことに注意が必要です。始業時・終業時にどのように報告させるか（電子メールや電話、勤怠管理ツールを活用している例があります）、在席・離席確認をどのように行うかについて、事前にルールを定めておくべきでしょう。

　なお、事業場外みなし労働時間制を採用することも考えられますが、常時通信可能でないことや随時具体的な指示がないことなど、適用要件には注意する必要があります。この点については、厚生労働省のウェブサイトに掲載されている「在宅勤務での適正な労働時間管理の手引」が参考になります。

　また、テレワークはすべての業務で実施できるわけではないため、業務の内容、業務に要する時間、使用する資料の有無（紙媒体か電子化されているか）、使用するシステム、セキュリティ管理等から、テレワークを導入する業務を選定する必要があります。

　なお、テレワークを新規導入する中小企業は、就業規則の改訂、システム導入、機器のリース費用等について、様々な助成金制度がありますので、ぜひ活用をご検討ください。

　そのほか、厚労省のウェブサイトでは、「情報通信技術を利用した事業場外勤務の適切な導入及び実施のためのガイドライン」が掲載されており、参考になります。

2　時差出勤の実施

　時差出勤とは、始業時間を所定の始業時間より早く、または遅くすることにより、混雑時の通勤を回避する、感染症予防対策の１つです。法的には、始業・終業時間の変更ですが、所定労働時間自体は変わらないため、本来、始業時間を前倒しにすれば終業時間も前倒しで早くなり、始業時間を遅くした場合には終業時間は後ろ倒しで遅くなります。

　導入の手続ですが、就業規則で始業・終業時間を変更することができる旨を定めている使用者は、その規定に基づいて時差出勤を導入することができます。

　しかし、就業規則上の定めがない場合には、新たに規定を設ける必要が

あります。この場合、労働条件の不利益変更にあたる可能性がありますので、内容の合理性には注意が必要です。

3　間引き出勤やフレックスタイム制

感染症対策や業務縮小で、出勤する従業員を減らすことや、1日おきに半数（あるいは3割ずつ）を出勤させるなどのローテーション制を採用することも考えられます。

この場合、出勤日の労働時間が法定の制限内であればよいのですが、出勤日が特に忙しく、制限を超えるような場合には、変形労働時間制を採用することも考えられます。

ただし、すでに変形労働時間制を採用している場合、原則として期間途中で変更できませんので、注意が必要です（この点は特例的な取扱いが認められる余地もあります）。そのほか、フレックスタイム制を導入することも考えられます。

4　安全配慮義務としてすべきこと

以上とは別に、使用者の安全配慮義務にも注意が必要です。この観点からは、感染症対策として、マスクの着用、アルコール消毒、換気、来客対応をリモートに変更すること（面談が不可避のときは面談スペースでのアクリル板の設置）など、安全配慮のために考えられる対応は積極的に実施しましょう。

法務ワーク～Home Work～ ● 雇用調整助成金の活用

　使用者が企業活動を遂行する中で、景気変動等の経済的事情がある場合、大災害や感染症拡大等の緊急事態が発生した場合など、使用者が従業員を休業させなければならないことが不可避に生じます。

　使用者は、このような場合であっても、雇用を継続する以上、6割以上の休業手当を従業員に支払う義務があります（労働基準法26条）。そこで、企業活動が制限される状況下で、そのような負担を避けるため、使用者としてやむを得ず解雇を選択せざるを得ない場合があります。

　このような場合に、失業防止のために雇用を守り、休業手当の支払を維持する使用者に対して、雇用保険法等に基づいて支給されるのが雇用調整助成金です。その支給を受けるにあたっては、雇用保険の適用事業主であることや売上高や生産量などの低下といった支給要件が定められるとともに、支給限度日数や助成額が定められています。

　この点、東日本大震災、新型コロナウイルス感染症の拡大といった緊急時には支給要件が緩和され、支給限度日数や助成額の拡充措置が取られて、本制度はより利用しやすくなりました。

　経済上の理由から従業員の解雇を余儀なくされる使用者においては、ぜひ雇用調整助成金の活用をご検討ください。

(17) 外国人労働者の雇用

Q

外国人を日本で雇用するにあたって、留意すべき点について教えてください。

A 在留資格を確認のうえ、就労させることが可能かを確認する必要があります。そのうえで、雇用する際には雇用の届出が必要となります。また、外国人であっても日本の労働法が適用されますので、その内容を説明し、理解を得ることが重要です。さらに、技能実習や特定技能の在留資格については、関連法規の内容を理解して違反のないようにしましょう。

解 説

1 在留資格を確認する

① 在留資格の分類

在留資格については現在27種類ありますが、就労の可否という観点からは以下の3種類に分類できます。

	外交（外国政府の大使、公使とその家族等）、公用（外国政府の職員とその家族等）、教授（大学の教授、講師等）、芸術（画家、作曲家等）、宗教（宣教師等）、報道（外国の報道機関の記者等）、投資・経営（企業の経営者

在留資格に定められた範囲内で就労が認められる在留資格17種類	等）、法律・会計業務（弁護士、公認会計士等）、医療（医師、薬剤師等）、研究（企業等の研究者）、教育（小・中・高等学校の語学教師等）、技術（機械工学等の技術者）、人文知識・国際業務（企業の語学教師、デザイナー、通訳等）、企業内転勤（外国の事業所からの転勤者）、興行（歌手、俳優、プロスポーツ選手等）、技能（外国料理のコック、パイロット等）、特定活動（個々の外国人に与えられた許可の内容により就労の可否が決められる在留資格。ワーキングホリデー等）
原則として就労が認められない在留資格6種類	文化活動（日本文化の研究者等）、短期滞在（観光、短期商用、知人訪問等）、留学（大学生等）、就学（高等学校の生徒等）、研修（研修生）、家族滞在（就労外国人等が扶養する配偶者、子等）
就労活動に制限がない在留資格4種類	永住者、日本人の配偶者等、永住者の配偶者等、定住者

②　在留資格の確認方法

　在留資格の確認方法としては、(i)外国人登録証明書、(ii)パスポート（上陸許可、在留資格変更許可、在留期間更新許可証印）、(iii)就労資格証明書等があります。在留資格について不明な点がある場合には、管轄の地方入国管理局に照会して確認することもできます。また、在留期間については、在留資格に応じて異なります。

　したがって、外国人を雇用する際には在留資格は何の資格であり、自社で行う予定の業務が在留資格上認められている活動であり、かつ、有効な在留期間がどの程度残っているのかを事前に確認する必要があります。

③　不法就労に対する刑事罰

　在留資格のない外国人を雇用したり、在留資格では認められていない就

労をさせたりすると、企業側も入国管理法に基づき罰せられます。具体的には、外国人を雇用して不法就労活動をさせた場合、3年以下の懲役もしくは300万円以下の罰金、またはその両方が科せられます（出入国管理及び難民認定法73条の2第1項）。

また、不法就労発覚後に、退去強制を免れさせようと不法入国者または不法上陸者を匿う等の行為をした場合も、3年以下の懲役または100万円以下の罰金（営利目的であれば5年以下の懲役および300万円以下の罰金）が科せられます（出入国管理及び難民認定法74条の8）。

2　雇用契約書の締結および就業規則の内容の説明

国籍に関係なく、日本で働く場合には日本の法律が適用されます。外国人であることを理由として日本の労働基準法等の適用が除外されるわけではありません。

また、日本企業では、所定労働時間より早く職場に来て清掃や朝礼をすることや、所定労働時間後に残業代を支払わずに残業する等の慣習が残っている会社も存在します。しかし、そもそもこの慣習が強制されている場合には労働時間に含める必要があり、それを労働時間に含めないのは外国人であるか否かにかかわらず問題があるため直ちに是正するべきです。

日本に来て日が浅い外国人の場合、日本の法令や文化等に馴染みがないため、日本人の場合以上に丁寧に雇用契約書や就業規則の内容を事前に説明しましょう。

特に、社内の暗黙のルールや慣習等については、会社としてそれを遵守させる必要がある事項の場合には、必ず明文化して説明するべきです。事前に認識の擦り合わせを行えば、入社後にすぐに退職する事態や紛争を予防することができます。

また、言語についても、日本語があまりできない外国人の場合にはその

人のわかる言語で作成した書面で雇用契約書を締結することも、対応策として検討する必要があります。

3 届 出

雇用する外国人が雇用保険の対象となる場合には、「雇用保険被保険者資格取得届」を提出する必要があります。

雇用する外国人が雇用保険の対象とならない場合には、雇入れ、離職の翌月末日までに、管轄のハローワークへ「外国人雇用状況届出書」を提出する必要があります。

4 技能実習

2017年11月1日より「外国人の技能実習の適正な実施及び技能実習生の保護に関する法律」が施行されています。この法律に基づき、企業が技能実習生を受け入れる場合には、企業単独型、団体管理型のいずれかの制度を利用することになります。

企業単独型は、日本の企業が海外の現地法人、合弁企業や取引先企業の従業員を受け入れることで行う方法です。この方法による受入れをするには、海外に支店や子会社、合弁会社がある場合や国際取引が継続して1年以上継続しているか1年間の取引実績が10億円以上という要件があります(この制度を利用するために海外に法人を設立する企業も存在します)。

団体管理型は、商工会や協同組合などの非営利団体が一括して外国人を技能実習生として受け入れ、受け入れた実習生を各企業へ送るという形をとります。技能実習生の受入れを希望する企業は、監理団体に申込みを行います。

そのうえで、受け入れる外国人との間で個別に雇用契約を締結し、実習計画も個別に作成する必要があります。最初の2か月間は監理団体で研修

を受講する等の技能実習生に関する規則がありますので、事前にどのような決まりがあるかを確認して受け入れるようにしましょう。

　なお、実習という名称ではあるものの、契約形態は雇用契約であり、労働基準法や最低賃金法などの各種法律を遵守する必要があります。

5　特定技能

　2019年4月に施行された改正出入国管理法に基づき、特定技能という在留資格が新設されました。技能実習との違いとして、技能実習は、開発途上国出身の方に日本の技術を現場での実習を通じて習得してもらい、帰国後に日本で培った技術を広めていただくという国際貢献を制度の目的としているのに対して、特定技能は、日本企業の人手不足を補うことを目的としています。そのため、特定技能では技能実習とは就業可能な業種が異なっており、さらに技能実習では原則として転職はできませんが、特定技能では同一職種であれば転職できます。

　特定技能制度では、①建設業、②造船・舶用工業、③自動車整備業、④航空業、⑤宿泊業、⑥介護、⑦ビルクリーニング、⑧農業、⑨漁業、⑩飲食料品製造業、⑪外食業、⑫素形材産業、⑬産業機械製造業、⑭電気電子情報産業の14業種での就労が認められます。在留資格の交付に関しては法務省が所管するものの、対象となる業種に関しては各管轄省庁が所管しています。

　また、特定技能制度には、「特定技能1号」と「特定技能2号」が存在します。特定技能1号とは、不足する人材の確保を図るべき産業分野に関する相当程度の知識または経験を必要とする技能を要する業務に従事する外国人向けの在留資格です。ある程度日常会話ができ、生活に支障がない程度の能力を有することが基本とされ、特定産業分野ごとに業務上必要な日本語能力水準が求められます。

　在留期間については1年、6か月または4か月ごとの更新で、通算で上

限5年までの制限があります。特定技能1号の申請を行うには、日本国外の試験実施国にて日本語能力に加え、仕事に関する相当程度の知識・経験についての試験に合格する必要があります。

　なお、技能実習のビザを特定技能1号に切り替えることも一定の場合には可能です。特定技能1号へのビザの切り替えが想定される技能実習生は、技能実習2号を優良に終了している実習生です。

　技能実習2号の外国人とは、技能実習制度で日本に在留する外国人で、2・3年目となる者です。ただし、すべての技能実習生が2年目以降に日本に在留し技能実習2号となるわけではありません。

　特定技能2号とは、特定産業分野に属する熟練した技能を有する外国人向けの在留資格です。基本的には特定技能1号の修了者が次の段階として切り替えることを目的としています。特定技能1号が認められる14業種のうち、2号への切り替えの対象となるのは、建設業と造船・舶用工業の2業種のみに限定されています。在留期間については3年、1年または6か月ごとの更新で、上限はありません。

　1号と2号の違いは、1号が通算5年までしか日本に在留できないビザであるのに対し、2号ではそのような制限がありません。また、1号では原則家族の帯同が認められないものの、2号では認められます。

　特定技能外国人を受け入れる企業は、特定技能雇用契約を結ぶ必要があります。法律上、当該契約の内容として、帰国を確保する措置を盛り込む必要があります。帰国を確保する措置とは、雇用期間満了の際に特定技能外国人が帰国する際に労働者本人がその費用を工面できない場合には、受け入れ企業がその費用を工面するというものです。

　なお、特定技能実習制度を利用する場合であっても労働基準法や最低賃金法等の日本の法令を遵守する必要があります。

⑱ 海外に従業員を派遣する際の留意点

Q

海外の子会社や支店等に日本の会社の従業員を派遣する際に留意すべき点について教えてください。

A 出張、出向または転籍のいずれであるかという法的形態について確認する必要があります。そのうえで、現地労働法に合わせた労働条件の変更や現地における体制、ビザの取得、管理体制等について事前に確認する必要があります。

解 説

1 出張、出向または転籍のいずれであるかを明確化する

　日系企業の多くは、海外の現地法人、支店、合弁会社等（以下、総称して「海外企業」といいます）に日本で雇用している従業員を送ります。その際、法的形態として、短期間の場合には出張として取り扱われることが一般的です。

　他方、長期間の場合、日本の会社に籍を残したままの出向なのか、それとも日本の会社に籍を残さずに完全に海外企業に籍を移す転籍であるかを明確にする必要があります。これは法的形態に応じて、出向契約や海外企業との雇用契約または委任契約を締結する必要があるからです。

2　日本法と現地法のいずれが適用されるか

①　出張の場合

　出張の場合、短期間であることから通常は日本の労働法をそのまま適用する形で労務管理を行うことが一般的です。出張と出向の区別について、法的に明確な定義は存在しません。

　しかし、多くの国において１年間の滞在が183日以上の場合には居住者扱いとなるため、１年間の滞在が183日以上であるか否かが１つの目安となると解されます。

②　出向の場合

　出向の場合には、原則として出向先の海外企業が所在する国の労働法（以下「現地法」といいます）が適用され、日本の労働法は適用されません。したがって、現地法の内容を踏まえて出向中の労働条件を決める必要があります。

　もっとも、法的には現地法どおりで問題ないものの、実務的には、例えば日本で20日間の有給休暇が付与されていたにもかかわらず、海外企業では現地法に基づき10日間の有給休暇となるといったことが生じ、出向者が不満を感じることが多いです。

　他方で、時間外労働手当について現地法では通常の賃金の200％とされるなど現地法のほうが有利な内容になることもあります。したがって、有利な点と不利な点がどこかを確認し、その内容を比較考量したうえで、出向中の労働条件を決めるべきです。

　なお、日本以外の多くの国においても労働法は最低限の基準を規定していることが一般的です。現地法の内容を出向者に有利な方向で上回ることは通常は問題ありません。

　また、出向においては、いずれは日本の企業に戻ることが一般的である

ため、その間の日本の社会保険の取扱いをどうするかについても事前に決める必要があります。

③　転籍の場合

　転籍の場合には、長期間海外企業において勤務することが一般的であることから、海外企業の基準にそのまま合わせることが実務上は多いです。また、日本の社会保険についても資格を喪失することになります。

3　ビザの取得条件を確認する

　日本人が海外で働く場合には、その期間や形態に応じたビザを取得する必要があります。なお、日本のパスポートは多くの国に観光目的であればビザなしで入国できるため、ビザなしでの入出国を繰り返す人もいます。

　しかし、ビジネス目的であるにもかかわらずビザを取らない不正な入国を行ったとして罰金を科せられたり、入国禁止処分が科せられたりするケースがありますので、必要なビザを取得しておくべきです。

　ビザの取得条件や取得までの所要期間は国によって大きく異なります。例えば、タイは原則として外国人1名当たり現地国籍の人を4名以上雇用する必要があるなどの条件が存在します。

　会社を設立した後にビザの申請を行うまでに様々な登録が必要な国も存在し、半年以上ビザ申請までに時間を要する国も存在します。したがって、事前にビザ取得までに要する時間や手続を確認したうえで、従業員を送る計画を作成する必要があります。

4　管理体制構築の重要性

　日本人の従業員を海外企業に送る場合、日本では管理業務に関与していなかったにもかかわらず、現地企業で社長などの管理職に就くことは多く

あります。しかし、こうした従業員の中には、管理業務の経験がないことから、コンプライアンス違反が生じていたり、権限を濫用して横領を行ったりする者もいます。

　そのような事態を予防するためには、一人に権限を集中させず、必ず複数の人がかかわる形での相互チェックがなされる体制を構築する必要があります。また、問題が起きた場合には日本企業にも影響が及ぶため、すべてを海外企業任せにするのではなく、日本企業側でも定期的にチェックする体制を構築するべきです。

5　税務の取扱いを確認する

　従業員が現地国で居住者に該当する場合には、全世界所得課税が適用されることが多いといえます。この場合、現地国での所得のみならず、現地国以外での所得も合算して申告する必要があります。

　この点、海外に駐在する日本人の多くは出向という形態であり、出向先の海外企業と出向元の日本企業のそれぞれから給与や手当が支払われていることは多くあります。その場合、日本で支払われた分については、出向先の国で課税されるほか、日本でも非居住者に対する給与として課税されることがあり、その場合には二重課税の問題が生じます。

　二重課税を避けるために、出向先の国でどのような制度が採用されているかを確認する必要があります。また、国によっては二重課税を避けるための租税条約が締結されていますが、すべての国で日本と租税条約が締結されているわけではありません。そのため、出向先の国と日本との間で租税条約が締結されているかを確認する必要があります。

　また、出向者に対する給与を出向元法人で負担し、出向先法人が負担しなかった場合、そのことに合理的な理由がなければ、出向元法人から出向先法人へ経済的利益の供与が行われたものとして、出向元法人に対して寄

附金課税が行われる可能性があります。

　このような税務上の問題について、後から追徴課税等が行われることを避けるため、事前に現地法と日本法の両方にくわしい税法などの専門家に確認するようにしましょう。

（5）

知的財産の予防法務

　中小企業においては、費用対効果が見えにくいこともあって、知的財産権の予防法務を軽視する傾向がみられます。そして、実際に知的財産権で痛い経験をして初めて対策に乗り出すというケースは多いです。しかし、せっかく育てた自社ブランドや自社製品が販売中止を余儀なくされるなど、知的財産権をめぐるトラブルや紛争は甚大な損失をもたらす可能性があります。

　本章では、これらの発生を事前に回避するために必要な知的財産権に関する予防法務について解説します。

(1) ブランド名の考案

Q

自社の商品やサービスに付けるブランドのネーミングやマークを考えています。この際に注意しておくべき点があれば教えてください。

A まずは他人の商標権を侵害しないように注意します。万が一、侵害が判明した場合には、自社の商品の販売中止、在庫の廃棄、過去の販売分の損害賠償、会社の信用棄損につながる可能性があり、会社へのダメージが甚大となるからです。そのほか、他人の著作物を無断利用しないこと、他人の有名な表示に類似していないことなどにも注意が必要です。

解 説

1 商標権

商標とは、事業者が、自社の取り扱う商品・サービスを、他社のものと区別するために使用するマークやネーミング（識別標識）のことをいいます。

登録された商標には、その商標が使用される商品・サービスとセットで商標権というものが認められます。著名な商標を例にすると、「TOYOTA」の商標は「自動車」という商品とセットで商標権が認められており、「クロネコヤマト」の商標は「車両による輸送」というサービスとセットで商標権が認められています。

商標権者は、特定の商品・サービスについて使用される商標として、半

永久的、独占的に使用する権利を有しています。

そこで、ブランドを考える際には、他人の商標権の存在に特に注意すべきです。誰がどのような商標権を有しているかについては、特許庁のウェブサイトである「特許情報プラットフォーム」の商標検索ページで誰でも無料で、調査することができます。

実際に商標権を侵害しているかどうかは、商標（マーク）そのものと、権利の対象として指定されている商品・役務（サービス）（以下「指定商品等」といいます）のそれぞれの類否を判断する必要があり、以下の表のとおり、商標が同一・類似で、かつ、指定商品等も同一・類似の場合に商標権侵害となります。

指定商品等＼商標	同一・類似	非類似
同一・類似	侵害	非侵害
非類似	非侵害	非侵害

商標の類否は、原則として、「外観」「称呼」「観念」の3つの要素についての類否を検討します。「外観」はマークの見た目が似ているかどうか、「称呼」はマークから発生する読み方が似ているかどうか、「観念」はマークから想起されるイメージが似ているかどうかです。この点の詳細については、特許庁のウェブサイトで公開されている「商標審査基準」が参考になります。

また、指定商品等の類否は、基本的には、同様に特許庁のウェブサイトで公開されている「類似商品・役務基準」を参照して、そこに掲載されている類似群コードが同じであれば類似していると判断されることになります。

例えば、商品のうちの「ビール」（第32類）と「洋酒」（第33類）は区分が異なりますが、同じ「28A02」という類似群コードが付されていますので、類似商品であると判断されます。

また、これらと「酒類の小売又は卸売りの業務において行われる顧客に対する便益の提供」（第35類）は、商品とサービスで対象が異なっていますが、同じ「28A02」という類似群コードが付されていますので、やはり類似すると判断されることになります。

　商標も指定商品等も類似ということになれば、そのまま使用すると商標権侵害になる可能性がありますので、他の商標を考える必要があります。もっとも、先行商標登録があってそのままでは商標権侵害の可能性がある場合でも、どうしてもその商標を使用したいと考えるときには、不使用取消審判やライセンス・譲渡交渉などの手段によって使用できるようになるケースもあります（233頁 法務ワーク～Home Work～ ▶ 参照）。

2　著作権

　ブランドのマークを考える際には、既存のデザインなどからインスピレーションを得て創作することも多いと思います。このように、他人の著作物を参考にしてマークを考える場合は、著作権にも注意が必要です。他人の著作物と同じものまたは非常に類似しているものを無断で利用することはリスクが高く避けたほうがよいです。

　他方で、マークにデザイン性がなく、単に単語やその組み合わせにすぎない場合については、基本的には著作物性がありませんので、著作権上の問題はありません。また、著作権は「表現」の類似性を問題にするものですので、「アイデア」が類似していても「表現」が異なれば侵害にはなりません。

　さらに、著作権侵害の要件の１つに「依拠性」（他人の著作物に依拠したものかどうか）があります。これは他人の著作物を全く参考にしない場合には著作権上の問題はないということです。

　いずれにせよ、微妙なケースについては、弁護士などの専門家の判断を

参考にすべきです。

3　不正競争防止法

　考えているマークが「有名な表示」（商標登録されていないものも含みます）に類似している可能性がある場合には、マークの再考を検討すべきです。

　これは、不正競争防止法が、他人の有名な表示を使用する行為（いわば便乗する行為）を不正競争として規制しており（不正競争防止法2条1項12号）、有名なマークに類似するものはこれに反するものとして、不要な法的トラブルに巻き込まれるおそれがあるためです。

　ここでいう「表示」は、いわゆるマークに限られず、商品の形態や店舗の外観など広く解釈され得る点には注意が必要です。また、「有名」の程度については、高度な法的評価が必要ですので、弁護士などの専門家の判断を参考にすべきです。

法務ワーク～Home Work～ ● 他社の先行登録商標が見つかった場合の対応策

　先行商標調査を実施した結果、他社が商標権を有することが判明したとしても、商標権者（商標権者からライセンスを受けた者も含む）が、3年以上、日本国内において、特定の指定商品等について使用していない場合には、商標登録を取り消すことができます（商標法50条）。

　もし、自社がマークを使用する予定の商品・役務と同一または類似する指定商品等が、商標権者等によって使用されていない場合には、この制度を利用して取消請求をすることも手段です。なお、この場合に留意点は3つあります。

　1つ目は、商標権の効力は、類似する指定商品等まで及ぶことから、自社がマークを使用する予定の商品・役務と同一の指定商品等だけでなく、類似の指

定商品等まで含めて取り消さなければ商標権侵害を回避できないということです。

2つ目は、商標権者等は、登録商標と全く同一の商標でなくても、社会通念上同一の商標を使用していることを証明すれば、取消しを免れるということです。

社会通念上同一といえる商標の具体例として、登録商標の書体のみに変更を加えた同一の文字からなる商標、平仮名、片仮名およびローマ字の文字の表示を相互に変更するものであって同一の称呼および観念を生ずる商標、外観において同視される図形からなる商標などが挙げられています。

3つ目は、いわゆる商標権者等による駆け込み使用を認めない規定があることです。すなわち、取消審判請求の直前3か月に商標権者等が使用したとしても、基本的には、使用していることの証明とは認められないことになっています。これにより、いきなり取消審判請求をしなくても、商標権者に接触して交渉をするという手段も取ることができます。

さらに、不使用取消審判も難しいとなると、実務的には、商標権者に連絡を取って、関連する指定商品等について、ライセンスか譲渡の交渉をする必要があります。この場合は、商標権者にライセンス等を強制することはできませんので、ライセンス等のお願いをすることになります。

ただ、交渉の対象となる指定商品等が、商標権者のビジネスにとって重要なものでない場合には、ライセンス等してくれる場合もありますので、チャレンジしてみる価値はあります。

なお、不使用取消審判請求ができる場合であっても、ライセンス等の交渉をすることもあります。ライセンス等をしてくれないと取消しを請求するとの圧力をかけつつ交渉できるためです。

取消審判請求をして取り消したうえで、自社で新たな商標登録出願をすることに比べて、ライセンスや譲渡を受けるほうがスピーディで安いなどの条件が揃う場合には有効な手段といえます。

この場合は、商標権者は、不使用取消審判請求がされる可能性を知ることに

なりますので、ライセンス等の交渉がまとまらなければ、3か月以内に審判請求をしておく必要があります。

　以上で述べた手段のいずれも功を奏さない場合は、商標（マーク）を新しいものに変えるというのも十分にあり得る手段です。技術を対象とする特許と違って、商標は、特定のものを使わないとダメというものではありません。

　思い入れのあるネーミングやマークである場合もあるかもしれませんが、他社との紛争が高い確率で予想される状況で使用に踏み切るよりも、改めて先行商標調査を実施して安全な商標（マーク）に思い切って変更したほうが予防法務の観点からはよいといえます。

(2) 商標の事前登録の重要性

Q

自社商品やサービスにつけるマークやネーミングを考えました。商標登録はしておいたほうがよいでしょうか。

A 商品の販売前（サービスの開始前）に商標登録をしておいたほうがよいです。そうしておかないと、他社に先に商標登録の出願をされてしまったり、他社の類似する先行登録商標の存在を見落としたりするなどして、大きなビジネスリスクとなる可能性があります。

解　説

1 商標登録のメリット

　結論からいいますと、商標登録はしておくべきです。商標登録はいわゆる早い者勝ちですので、商標登録されていないことをよいことに先に出願して登録してしまおうと考える業者も存在します。

　先に商標登録されてしまった場合、自社による商標の使用が逆に商標権侵害として訴えられることも十分にあり得ます。そのような業者は、先に商標権を取得したことをよいことに、商標のライセンスや譲渡を高額で持ちかけてくることが想定されます。

　商標登録の出願時には、通常、特許事務所などで他社の先行登録商標の調査を行います。これにより早期に他社の類似する先行登録商標を発見することができます。この時点では、通常はまだ商標の変更が可能です。

　ところが、先行登録商標の調査をせずに事業を開始して数年が経ってし

まうと、業務上の信用が蓄積した商標を変更するのが難しい状況になります。このような状況で、他社から警告書が送られてきて、他社の類似する先行登録商標の存在を知ったとしてももはや手遅れです。

　さらに、商品・サービスの売上が好調で知名度が上がってきたときには、類似の商標が市場に出回る傾向があります。その商標に蓄積された業務上の信用にただ乗りしようとする業者が現れるためです。商標を登録しておかないと、このような業者を排除することができなくなり、自社の売上にも影響が出ることになります。

　なお、先に自社が商標を使用していたのだから、先使用権が認められるはずだと思われるかもしれませんが、これは誤解です。すなわち、先使用権が認められるためには、その商標が有名になっていなければなりませんが、この有名であることの立証が難しく、必ず先使用権が認められるというわけではないのです。したがって、実務的には、先使用権に頼ることは危険です。

　以上から、自社の取り扱う商品・サービスについて商標を思いついたときには、販売前・サービスの開始前の段階で、商標登録の出願をしておくことが望ましいといえます。

2　商標登録の方法

　商標登録して商標権を取得するためには、特許庁に対して商標登録の出願を行い、審査をパスする必要があります。商標に識別力がなかったり、他人が先に出願した商標と類似していたりすれば、審査において拒絶されます。

　識別力がないとされた具体例として、「アルミニウム」の商品について「アルミ」という商標は一般的な略称にすぎないとされた例、「AB」という商標は極めて簡単でありふれているとされた例などが挙げられます。

また、他人が先に出願した商標と類似しているかどうかは、外観（見た目）、称呼（読み方）、観念（想起されるイメージ）によって判断されます（→⑤(1)230頁参照）。

　なお、商標登録出願は、特許事務所に依頼した場合、1件当たり総額で数万円〜十数万円程度の費用が必要になります。通常の出願では、出願から登録まで約1年を要しますが、登録を急いでいる場合、早期審査制度があり、これによれば2〜3か月で登録になります。
　出願手続は中小企業であっても社内ですることが可能ですが、初めての場合や不慣れな場合は、弁理士などに依頼されるほうがよいでしょう。

3　商標の維持・管理

　商標は登録すれば終わりというわけではなく、登録後も維持費を払うなど、維持管理していく必要があります。維持費については、登録される区分（業種）の数によって変わってきます。
　例えば、指定商品がお菓子とパンであれば同じ業種に分類されるため、1区分に収まりますが、指定商品がお菓子と被服であれば異なる業種に分類され、2区分になります。具体的な費用は、5年間の分納の場合は区分数×16,400円、10年間の場合は区分数×28,200円となります。長く使用するかどうかわからない商標の場合、まずは5年間で分納されるとよいと思います。
　いずれにしても、商標については、所定の登録期間が満了しても何度でも更新できますので、必要があれば半永久的に維持することができます。使用中は維持し続けて、使用しなくなった場合に更新をやめるというのがお勧めです。

4 商標の使用

　商標登録が認められたということは、特許庁が登録要件を満たしていると判断したということです。登録要件には、先行する他人の商標と類似していないことが含まれていますので、先行する他人の類似商標がないということについて、特許庁のお墨付きをもらったともいえます。したがって、商標登録後、その商標を使用して商品を販売し、サービスを開始しても、基本的には他人から権利行使される心配はないといえます。

　もっとも、特許庁の審査の対象となるのは、登録商標（出願したマーク、ネーミングと全く同一のもの）を指定商品等（出願において指定した商品・サービスと全く同一のもの）について使用する権利の範囲にとどまりますので、その範囲を超えたものについては、他人から権利行使されるリスクがある点には注意が必要です（後記5参照）。

　実務的には、登録した商標をそのまま使用しているケースは少なく、登録商標を少し変えたいくつかのバリエーションを使用していることがほとんどです。

　自社の登録商標を意識しながら商標デザインを考えている会社は少数でしょう。このことからすると、他人から権利行使されるリスクをより低くするためには、実際に使用している商標について、先行商標調査を行うことが望ましいといえます。

5 専用権と禁止権

　商標権者は、登録商標（出願したマーク、ネーミングと全く同一のもの）を指定商品等（出願において指定した商品・サービスと全く同一のもの）について使用する権利を独占することができます（商標法25）。これを「専用権」といいます。

　また、商標権者は、登録商標と同一または類似の商標が指定商品等と同

一または類似する商品等に使用されるのを差し止めることができます（商標法37一）。これを「禁止権」といいます。

	登録商標	登録商標と類似する商標
指定商品等	専用権	禁止権
指定商品等と類似する商品等	禁止権	禁止権

　このように、専用権は登録商標を指定商品等について使用する権利であり、類似する商標や指定商品等について使用する権利までは含まれず、仮に他人の商標登録が存在する場合には、専用権の範囲を超えるものとして他人から権利行使がなされてしまう可能性があります。

　以上のことを、具体例で説明します。自社の商標登録が「◆ABC◆」という商標で、指定商品が「洋菓子」だったとします。自社が「◆ABC◆」をケーキに使用する場合、専用権の範囲内での使用になります。

　他方、自社が「■abc■」をケーキに使用する場合、あるいは「◆ABC◆」を和菓子であるみたらし団子に使用する場合、もはや専用権の範囲内での使用にはなりません。

　実務的には、登録商標をそのまま使用するにとどまらず、少し変えたバリエーションを使用することが多いと思います。専用権の範囲は狭く、気づかずに専用権を超えて使用してしまう可能性があることに、注意が必要です。

(3)　特許出願をするかノウハウとして秘密管理するかの判断基準

Q

自社製品・自社製法に関するアイデアを思いつきました。特許を取得したほうがよいでしょうか、それとも、ノウハウとして秘密管理しておくべきでしょうか。

A　特許出願するかどうかは、特許出願することのメリット・デメリットを比較し、個別に判断していく必要があります。具体的な考慮要素としては、①アイデアの重要性、②他の特許保護の有無、③会社事業との関係、④侵害立証容易性、⑤ノウハウとして保護することが適切かどうか、⑥資金調達手段としての意義などが挙げられます。

解　説

1　特許取得のメリット

　特許は、自らのアイデア（物の発明や方法の発明）を他人に勝手に真似されないための権利であり、他社に無断で特許発明を実施させないようにすることができる排他権です。

　特許を取得すれば、一定期間（原則として出願から20年間）、自らのアイデアについて市場および利益を独占することが可能になります。具体的には、無断で特許発明を実施している他社が現れた場合に、差止請求、損害賠償請求などをして、市場から排除することができます。

　ただし、特許を取得したとしても、必ずしもそれを実施して製品を販売

することができない場合もあることに注意が必要です。自分の特許発明が他人の特許発明を利用している関係となっている場合は、自分の特許発明の実施が他人の特許権を侵害することにつながるためです（→⑤(4)245頁参照）。

2　特許取得の方法

　特許を取得するためには、特許庁に対して特許出願する必要があります。そして、出願から３年以内にビジネスとしてうまくいくかどうか見極めたうえで、審査請求をする必要があります。

　特許庁の審査では、基本的には、出願されたアイデアに「新規性」と「進歩性」が認められるかについての審査がなされ、これらが認められると特許が取得できます。新規性は公知技術とは異なる新しい発明であることを意味し、進歩性は公知技術から容易に思いつかない発明であることを意味します。

3　特許出願のデメリット

　特許出願すれば、１年６か月後に出願公開されて誰でも知り得る技術となることから、競争が激化する可能性が考えられます。これが特許出願の大きなデメリットです。特許出願しなければ、秘密管理のやり方にもよりますが、長期間誰にも知られない状態を保つことができる可能性があります。

　また、特許を取得するには、費用がかかります。代理人費用込みで、出願から特許化までの合計で70〜100万円程度の費用を要することが一般的です（ただし、中小企業の場合には、審査請求料や特許料の減免を受けることができる場合があります）。

　さらに、特許出願から審査を経て特許取得できるまでには、かなりの時間（数か月から数年程度）を要することにも注意が必要です。

4　特許出願しなかった場合

　特許出願せずに自社製品の販売を開始した場合、基本的には、いずれそのアイデアは公知のものとなって新規性がなくなり、もはや特許を取得することはできなくなります。

　その結果、他社はそのアイデアを自由に実施できることになり、市場における優位性を保つことができなくなります。このように、特許出願しなかった場合には、将来類似品が出回ったとしても、排除することが困難となります。

5　特許出願するかどうかの見極め

　特許取得には費用と時間がかかりますので、どのようなアイデアでもすべて特許出願するというわけにはいきません。以下のような要素も参考にしながら、特許出願するかどうかを見極めるとよいでしょう。

①　アイデアが基本的なものか

　アイデアといっても、基本発明から応用発明まで様々です。基本発明であれば、他社がその特許を回避して類似の製品を作ることが難しくなりますので、特許出願しておくほうがよいでしょう。

　他方で、他社が回避しようと思えば回避できる応用発明であれば、余裕があれば特許出願するという程度でもよいと考えます。

②　自社製品が他の特許で守られているか

　自社製品が全く特許で守られていない状況は、市場優位性が全くないために、将来的に類似品が出回って利益が上がらなくなるリスクが高いです。自社製品が他の特許で守られていないのであれば特許出願しておくことが望ましいといえます。

③　アイデアの対象となる自社製品が会社の事業の中で重要な位置を占めるか

　アイデアの対象となる自社製品が会社の中核事業に関するものであれば、ほとんどの場合で特許出願すべきだと考えられます。中核事業について、特許による権利保護ができていなければ、ノウハウが漏えいしたときなどにビジネスリスクが大きくなるためです。

④　他社が無断で特許発明を実施したときに侵害を立証できるか

　特許を取得したとしても、他社が侵害している事実を立証できなければ、排他権を行使することは困難になります。例えば、特許の対象が、物の構造に関するもので、他社がアイデアを真似したとしても製品を分析すればすぐにそのことが判明する場合は、特許出願をするのに適しているといえます。

　他方で、特許の対象が、工場内部でのみ実施される単純方法の発明であれば、基本的には他社の工場に立ち入って確認することはできませんので、特許出願しても権利行使しにくいということになります。

⑤　ノウハウとして秘密にすべきものか

　特許出願すれば、出願公開されるというデメリットがあります。また、特許は特許出願から20年間で消滅しますので、その後は自由技術になります。したがって、特許出願ではなく、秘密管理をきちんとしたうえで、ノウハウとして保管しておくという選択肢もあります。その場合、自社で秘密管理を適切に行う体制が整っているかということも重要になってきます。

⑥　資金調達手段としての意味があるか

　ベンチャー企業に多いですが、資金調達の条件として特許出願していることが必要になる場合もあります。

(4) 特許侵害の判断基準

Q

特許さえ取得すれば、その製品を販売しても問題ないでしょうか。何か注意しておくべき点があれば教えてください。

A 特許を取得できたとしても、その製品が他社の特許の侵害になる場合をクリアできなければ、安心して製品を販売することはできません。予防法務の観点からは、製品の販売にあたって、事前に、他社の特許を侵害していないかどうかの調査（侵害予防調査）を行う必要があります。

解 説

1 侵害予防調査を行う

　自社の製品が特許を取得しても、必ずしもその製品を問題なく販売できるものとは限りません。

　すなわち、製品には、複数の技術的特徴が含まれていることが多く、そのうちの1つについて特許を取得したとしても、他の技術的特徴は他社の特許技術である可能性が十分にあります。こうした製品を販売すると特許権侵害であるとして訴えられる可能性があります。

　また、製品の技術的特徴が他社の特許技術を改良したものであれば、他社の特許技術を使用していることになりますので、他社の特許の侵害になります。このように、特許を取得できたとしても、他社の特許の侵害になる場合があるのです。

そこで、製品を販売するためには、侵害予防調査をして他社の特許が存在しないことを確認することが必要となります。これは自分が販売する製品が他社（第三者）の特許を侵害していないこと、言い換えれば、販売後に差止めや損害賠償請求をされないことを確認するための調査になります。なお、この侵害予防調査は、他社特許抵触性調査、パテントクリアランス、FTO（フリーダムトゥオペレート）などと呼ばれます。

2　侵害予防調査を実施しない場合のリスク

　侵害予防調査を実施しなければ、他社がどのような特許を持っているかわかりません。そのため、製品を販売してから、他社に警告されるかどうかわからない非常に危険な状態でビジネスをすることになります。

　もし、販売後に他社から特許権の行使をされた場合は、製品の販売ができなくなったり、在庫や金型の廃棄を請求されたり、過去の販売分の損害賠償請求までされたりしてしまいます。

　また、その結果、会社の信用も毀損されてしまうことになるでしょう。このように、侵害予防調査をしないことのビジネスリスクは非常に大きいといえます。

3　侵害予防調査の進め方と費用

　侵害予防調査は、他社の類似技術の特許を１つも漏らさず網羅的に調査する必要があるものです。調査が不十分で１つでも漏れがあると、結局は他社から権利行使されてしまうことになりますので、特許の専門部署がない中小企業においては、最初は特許事務所や調査会社に依頼されることをお勧めします。

　何度か調査を行って、検索方法も確立してその分野の侵害予防調査に慣れてきたら、そのときに自社ですることを検討してみてもよいと思います。

　なお、特許事務所や調査会社に依頼した場合、侵害予防調査の費用は、対象となる技術的特徴の数にもよりますが、通常は30〜50万円程度になることが多いです。

4　侵害予防調査の内容

　侵害予防調査は、膨大な数の特許公報の中から、①関連性の高い特許を検索によって数百件ほど抽出し、②抽出された特許公報のクレームなどを１つひとつチェックして侵害しているかどうかを判断していきます。その結果、侵害となる特許がなければ、安心して製品を販売することができます。

　他方で、侵害となる特許が見つかれば、その特許を無効にする資料を探したり、ライセンスをもらう手段を模索したり、あるいは製品を設計変更したり、様々な対応を検討していくことになります。

　上記①②の作業のいずれにおいても、漏れが生じてしまう可能性があるので、作業は慎重に行う必要があります。よく、中小企業の方が、①の作業を特許庁のウェブサイト（J-Plat Pat）でキーワード検索して簡易に行うのを見ることがありますが、非常に危険です。

　キーワード検索で入力したキーワード以外の用語が使われている場合は十分にあり、それらの候補をすべて切り捨てた抽出になってしまっているためです。もし①の作業において検索に漏れがあると、いくら②を丁寧に行っても、もはや漏れた特許は発見されません。

　また、②の作業も、クレーム解釈が正確にできる人でないと、せっかく抽出した侵害となる特許なのに、誤って非侵害だと判断してしまうことにもなりかねません。

(5) 秘密情報を保護するための方法

Q
___
当社の事業では、技術や営業に関する情報がとても重要な要素となっています。これらを秘密情報として保護し、社内から流出しないようにするにはどうしておけばよいでしょうか。

A 技術に関する情報についても、特許出願するかどうかを検討します。特許出願せずに秘密情報として管理することになったものや特許の対象とはならない営業に関する情報については、秘密保持契約、就業規則などの契約関係を整備し、不正競争防止法で保護されるための秘密管理をきちんと行うことが大切です。

解 説

1 秘密情報の重要性

　技術に関する秘密情報の具体例としては、素材の成分、製造方法、ノウハウ、設計図面などが挙げられます。また、営業に関する秘密情報の具体例としては、取引先の顧客情報、仕入先リスト、販売マニュアルなどが挙げられます。

　これらの秘密情報は会社の事業にとって重要であり、社外に流出することのないように適切に秘密管理を行う必要があります。例えば、秘密情報が流出するケースとして、以下のようなケースが想定されます。いずれも過去に実際に起きた事例であり、どの会社においても現実に起こり得ることでしょう。

◆従業員が自社の商品の設計図面を競合会社にこっそり売り渡していた
　ケース。その競合会社の品質が急に良くなり、自社商品の売上が減少
　した。

◆退職予定者が顧客情報や新規プロジェクトの資料を USB に保管して
　持ち出し、退職後にこれらの情報を利用してビジネスを行ったケース。
　大事な顧客の一部を奪われることになった。

　このようなことが現実に起こるとすれば、会社にとって著しい損害が生
じることになります。また、秘密情報には、自社の情報だけでなく、個人
情報や他社の秘密情報など、第三者の情報も含まれます。
　万が一、これらが流出すれば、自社が第三者に対する法的責任を負うこ
とにもなります。そこで、予防法務の観点からは、秘密情報を守るための
手段を講じておくことがとても重要となります。

2　秘密情報を守るための手段

　技術を守るための代表的な方法は、特許を取得することです（→⑤(3)241
頁参照）。場合によっては、実用新案権や意匠権を取得することも有益です。
特許出願をすることで技術が世の中に公開されてしまいますが、その代わ
りに排他的に特許を使用する権利を得ることができます。これは、自ら積
極的に自社技術を公表することによって保護を求める方法です。
　他方、特許出願せずにノウハウとして秘密管理しておきたい場合や特許
の対象とならない営業に関する秘密情報を守りたい場合もあります。こう
した場合は、秘密情報を守るため、以下で述べるとおり、従業員との間で
秘密保持契約を締結したり、秘密管理を徹底したりする必要があります。

3 秘密保持契約の締結

　秘密情報を守るためには、従業員との間で秘密保持契約を締結することが有益です（→②(8)75頁参照）。情報という性質上、いったん秘密情報が流出してしまうと元の秘密の状態に戻すことはできません。したがって、予防法務の観点からは、何よりも流出しないようにすることが肝要です。

　秘密保持契約の内容としては、何が秘密情報なのかを明らかにしておくこと、契約違反の場合の損害賠償責任を明記しておくこと、退職後にも秘密保持義務を負うことを明らかにしましょう。従業員との個別の契約以外に、就業規則において秘密管理に関する条項を設けておくことも有益です。

　秘密保持契約を締結するタイミングとしては、入社時、部署異動時、昇進時、退職時などが考えられます。それぞれのタイミングで必要な内容を記載すべきです。

　例えば、入社時には一般的な内容を、部署異動時にはその部署が取り扱う特定の秘密情報に関する内容を、昇進時には昇進に伴ってアクセス権限が増えたことに伴う内容を、退職時には退職後の秘密保持義務を定める内容などが考えられます。

　なお、従業員が退職する際に取得する誓約書に、秘密保持契約と併せて競業避止義務を課しておくことも有益です（→④(15)209頁参照）。同業種への再就職を制限することで、間接的に秘密情報が流出するリスクを下げることができるからです。

　ただ、競業避止義務は退職者の職業選択の自由を奪う側面もありますので、常に有効というわけではありません。

　①　守るべき企業の利益があるか
　②　従業員の地位
　③　地域的な限定があるか
　④　競業避止義務の存続期間
　⑤　禁止される競業行為の範囲について必要な制限があるか

⑥　代償措置が講じられているか

などの諸般の事情を考慮して有効性が判断されます。

4　秘密管理の徹底

　万が一秘密情報が流出した場合には、事後的な方策として、さらなる流出の差止請求や流出によって被った損害の賠償請求をする必要があります。

　そのためには、流出した情報が不正競争防止法上の営業秘密に該当すると認められる必要があります。このハードルはそれなりに高く、普段からきちんと秘密管理が徹底されているかということが重要になります。

　不正競争防止法上の営業秘密に該当するための要件は、

　①秘密管理性

　②有用性

　③非公知性

の３つです。

　特に重要なのは、①秘密管理性です。例えば、紙媒体の場合は、別ファイルにして「マル秘」など秘密であることを明記したり、施錠可能なキャビネットに保管したりすることが考えられます。

　電子データの場合は、データ上に「マル秘」などが表示されるようにしたり、パスワード保管したり、アクセスできる従業員を制限したりすることが考えられます。この点、経済産業省のウェブサイトでは、営業秘密管理指針が公開されており、参考になります。

　このような徹底した秘密管理がなされていなかった場合には、万が一秘密情報が流出しても不正競争防止法で保護されないことにご注意ください。

5　従業員への周知や愛社精神の醸成

　営業秘密の流出は、従業員や退職者によってなされます。なかには、うっかり知らずに流出したなどのケースもあると思います。

　このようなケースを防ぐためには、普段から社内研修などを行い、従業員に対して、何が自社の秘密情報であって、流出した場合にどうなるかということを十分に周知することが大切です。

　また、秘密保持義務を知りつつ、会社への不満が募って流出させたという悪質なケースもあります。こうした流出を防ぐためには、高額の損害賠償責任や刑事責任を負うことを事前に周知しておくとともに、従業員に愛社精神を持ってもらえるよう、愛情を持った経営を心がけることが必要であることは言うまでもありません。

6

海外事業の予防法務

　日本の市場縮小やグローバル化の進展により、海外展開を行う企業が増加しています。しかし、国ごとに言葉、文化、習慣、法律が異なるため、日本以上にトラブルや紛争が発生しやすいといえます。しかも、海外での紛争解決は日本以上に多くの困難を伴いますので、予防法務がより重要になります。

　本章では、初めて海外事業を行う会社のみならず、すでに海外事業を行っている会社も押さえておくべき海外事業に関する予防法務のポイントについて解説します。

(1) 海外企業と取引する際の契約実務

Q

海外企業と取引を始めるにあたって、契約書（売買契約、販売店・代理店契約、フランチャイズ契約など）を作成しようと思うのですが、日本国内の契約書と異なり、どのような点に注意して作成する必要があるのでしょうか。

A 海外企業との取引は、契約の種類によってその留意点は異なりますが、どの契約形態においても準拠法や紛争解決方法を定めておく必要があります。また、海外企業との取引においては契約書の言語は英語で作成することが多いと思います。その場合、英文契約における一般条項や言語についても定める必要があります。

解　説

1　海外企業との契約の確認事項

①　契約書の重要性

　日本国内の取引であれば口頭のみで契約を行っている場合もあると思います。しかし、海外企業との取引においては日本企業同士の場合以上に問題や誤解が生じやすく、少なくとも、「言った」「言わない」の水掛け論を避けるため契約書を締結する必要があります。

　また、相手方に契約書を送ってもらうのではなく、できるだけ自社で作成して相手方に送る手順が望ましいです。これは、契約書を作成する際は

通常は作成する側に有利な内容で作られており、これを自社で作成することにより主導権を自社が握ることができ、かつ、自社に有利な内容を含めやすいためです。

その際、法的拘束力を持たせるためには、「覚書」というタイトルではなく、「○○契約」というタイトルで締結することをお勧めします。タイトルのみで書面の性質が決まるわけではありませんが、覚書は法的拘束力を有しないものとして扱われている国が多いからです。

② 準拠法を決める

日本国内の企業同士の取引においては、準拠法を規定せずとも通常は日本法を準拠法とすることが前提になっており、かつ、準拠法が争われることもないと思います。

しかし、海外企業との契約においては、海外企業の国の法律と日本法のいずれが適用されるかが争われることもあり、そのような争いを避けるために準拠法を明記する必要があります。

準拠法は、海外企業の国の法律または日本法のいずれかに限定されるわけではなく、第三国の法律を指定することも可能です。もっとも、準拠法を海外企業の国の法律以外の法律にしたとしても、必ず海外企業の国の法律の適用から逃れられるというわけではありません。

例えば、後述する代理店契約について、当局に登録する必要がある旨の法律がある国の現地企業と代理店契約を行う場合には、準拠法として他の第三国の法律を指定したとしても、現地の国の法律に従って登録することが必要となります。

③ 紛争解決の方法

紛争解決方法は大きく分けると裁判と仲裁のいずれかとなります。この点については、いずれか一方のみを定めるべきであり、裁判と仲裁の両方を定めるべきではありません。両方を定めておくと最終的な解決方法がい

ずれであるのかが不明確となるためです。

どちらの方法がよいかについては、それぞれメリットとデメリットが存在し、その国の裁判制度の信頼性、仲裁に関する条約（ニューヨーク条約）加盟の有無、契約の種類、取引金額の大きさ等を考慮して決めることとなります。

なお、ニューヨーク条約とは、加盟国であれば仲裁判断の承認・執行を原則として認めるという内容のものであり、日本も加盟しています。

一般的な仲裁のメリットとしては、非公開、上訴がない、英語で行うことが可能である、仲裁人として専門家を選任できるなどが挙げられます。

他方、仲裁のデメリットとして、国によって異なりますが、費用が高いことが挙げられます。仲裁の場所について、日本も仲裁案件の誘致に力を入れてはいますが、アジアでは香港かシンガポールが一般的です。この点、香港については、最近は政治情勢が不安定であることから、シンガポールが増えている印象です。

紛争解決方法を定めるにあたっての実務上の留意点として、紛争が生じる場面としてどのような場面が想定されるのかを踏まえて検討する必要があります。

例えば、自社のほうが立場上優位だからといって、常に日本の裁判所を紛争解決方法にすれば良いというわけではありません。日本の裁判所で勝ったとしても、相手方が日本に資産を有していなければ執行できず、かつ、日本の裁判所の判決を相手方の国でも執行できるのはそのような条約が締結されている国でのみであり、ごく一部の国に限られるからです。

したがって、相手の債務不履行の可能性のほうが高い場合には、相手国の裁判所を紛争解決方法として定めておいたほうが有利である場合もあるということにご留意ください。

④　言　語

　原則として、契約書の言語を何語とするかは当事者間の合意次第です。多くの場合、日本企業と海外企業との間の契約書は英語を母国語としない国の企業であっても英語で作成することが多いです。

　他方、海外企業が日本語の契約書を受け入れる場合には日本語で作成することもあります。複数の言語で作成する場合もありますが、その場合には、必ず何語を正本とするかを契約書内で規定する必要があります。どれほど正確に翻訳しても、言語によって異なるニュアンスが生じることがあるためです。

　なお、海外の当局に契約書を提出する必要がある場合もあり、国によってはその国の言語で作成したものでなければ当局が受理しないこともあることに留意が必要です。

⑤　一般条項

　一般条項（General Provisions, Miscellaneous）とは、契約の種類を問わず、各契約書に共通して規定されるような一般的内容の条項を総称したものです。

　分離可能性や完全合意などといった、日本語の契約書に含めることは少ないものの、英文契約書では一般的に含める条項も存在します。

　裁判になった際にはそういった条項が含まれているかによって解釈が異なることもあるため、一般的な条項も必ず入れるようにしてください。

2　売買契約の留意点

①　ウィーン売買条約

　国際間の物品売買に関する契約や損害賠償条件の原則を定めた国際条約として、ウィーン売買条約が国連で定められており、日本でも2009年から

発効されています。

　ウィーン売買条約において規定された内容は絶対的なものではなく、ウィーン売買条約の適用を、個別の契約書上で排除または変更することができます。

②　輸出入規制

　各国には、独自の輸出入規制が存在します。特に食品や医薬品等は別途許可を取得する必要があることが多いです。したがって、日本企業が海外へ販売する場合には、買主に輸入経験があるのか、輸入に必要な手続の対応や費用も輸入元が負担するのかなどを事前に確認する必要があります。

　海外から日本企業が購入する場合には、海外では自由に流通していても、日本では許可が必要な場合もあるため、日本側の規制を事前に確認する必要があります。

③　製造物責任

　販売先の国の製造物責任法の有無および内容について留意が必要です。製造物責任が問題となり得る製品を販売する場合、販売先の国の製造物責任法の有無について調べ、存在する場合には、その内容を踏まえて契約書において責任の所在や補償などについて規定する必要があります。

④　商標登録

　商標登録を日本で行っていても、その効力は海外には及びません。そのため、自社ブランドを保護する必要がある場合には、販売先の国においても商標登録を行う必要があります。

⑤　支払方法

　製品を販売する場合にはできるだけ海外企業に前払いをしてもらい、製品を輸入する場合にはできるだけ後払いの方式で行うことが望ましいです。

支払に関するトラブルは多く、かつ、裁判や仲裁を避けるためにはどのような支払方法にすることが望ましいかを考えて規定する必要があります。

　もっとも、実際にどのような支払方法にできるかは、いずれの立場が強いかや、その取引における商習慣においてどのような方法が一般的かなども影響します。

3　販売店（Distributor）・代理店（Agent）契約の留意点

①　販売店と代理店の違い

　販売店と代理店を使い分けていない場合もみられますが、まずはこの違いを理解する必要があります。

　販売店は、売主から商品を特定の販売地域で販売をする権利を得て、自己の名前と計算で、その商品を顧客に販売します。

　販売店契約においては、売主と販売店との間の商品の売買の条件に関する条項と、販売店が売主のために販売活動を行う際の権利義務に関する条項が定められます。また、販売店と顧客との間では直接、二者間で商品に関する売買契約が締結されます。販売店においては、売主から購入した商品を顧客へ転売するため、商品の転売差益を得ることになります。

　販売店は自己のリスクで商品を売主から購入して、顧客に販売するため、商品の在庫リスクや商品代金の回収リスク、商品に関するクレーム責任を負うことになります。

　他方、代理店は、本人（売主）の商品の販売を拡大するために、本人と顧客との間で商品販売契約の媒介または代理を行います。本人と代理店の間では、代理店契約が締結され、代理店が本人のために販売活動を行う際の権利義務を規律する条項が定められます。

　また、商品の売買契約は、本人（売主）と顧客との間に成立し、代理店

と顧客との間では締結しません。

　代理店は、自己が関与した取引に関して一定の料率の手数料を報酬として得ます。また、代理店は商品の売買契約の当事者とならないため、原則として商品の在庫リスクや商品代金の回収リスク、商品に関するクレーム責任を負いません。

②　独占権

　販売店と代理店のいずれの形態においても、契約する海外企業に対して一定の商品や一定の地域において独占権を与えるか否かは重要な事項となります。

　独占権を与える場合には、売主は、当該商品について、一定の地域において他の者に販売させないようにする義務を負います。

　また、売主（本人）自身も販売できないという義務を負うことを合意する場合もあります。相手方である海外企業についてどの程度信頼できるかわからない状態で安易に独占権を与えると、相手方に問題があることが発覚してもすぐに別の会社と契約することもできないため、独占権の付与は慎重に検討する必要があります。

③　競争法との関係

　販売店や代理店に独占権を与える場合には、当該販売店・代理店が所在する国・地域において公正な競争を阻害する行為を禁止する法律（日本では独占禁止法ですが、海外では競争法と呼ばれることが多いです。以下では「競争法」といいます）に違反しないかを検討する必要があります。

　競争法の内容は国ごとに異なることが多く、その国の競争法の内容を踏まえて、これに違反する内容が契約書に含まれていないかを確認する必要があります。特に、競合する商品の取扱いの制限、販売地域や取引先の制限などを設ける際には、現地の競争法に留意する必要があります。

4　フランチャイズ契約

①　フランチャイズの登録

　日本ではフランチャイズ業のみに関して規制した法律は存在しませんが、例えば、マレーシアやインドネシアなどの国ではフランチャイズ法が存在し、フランチャイズ事業を行うには事前に登録が必要となっています。

　したがって、事業を行う国において、まずはそのようなフランチャイズ法が存在しないかを事前に確認する必要があります。

②　競争法および商標登録

　フランチャイズ契約においても、販売店・代理店契約と同様、競業避止義務や販売地域の制限などを行うことが一般的であるため、上記3で述べた競争法との関係に留意する必要があります。

　また、フランチャイズを展開するにあたって、商品の販売と同様に自社ブランドを保護する必要がありますが、上記2で述べたとおり、商標登録は事業展開する国において行う必要があります。

　また、フランチャイズ契約においては、商標のライセンス付与を伴うことが一般的であり、ブランド価値を維持するため、使用方法等について詳細に規定する必要があります。

③　その他

　フランチャイズ契約において、運営責任、契約期間、加盟金、保証金、店舗設計、研修、広告、ロイヤリティ、報告義務、違反時の責任等を規定することが一般的です。フランチャイズ法が存在する場合には、その内容を踏まえることはもちろんですが、それ以外の現地法の規制も踏まえる必要があります。

　例えば、営業時間について規制がある国もあります。また、店舗設計に

おいては現地の建築基準法を踏まえた設計が必要です。広告についても国によってはアルコール等一定の商品に関する広告が禁止されている国もあります。

　さらに、研修について、日本で研修を行う場合には、ビザ等の点も考慮する必要があります。

(2) 海外進出時の形態に応じた留意点

Q

海外進出にあたって、支店、現地法人、合弁などの形態に応じて、留意すべき点について教えてください。

A 進出先の国の外資規制や会社形態ごとの規制を事前に慎重に確認したうえで進出する必要があります。合弁で行う場合には合弁で行う必要性を慎重に検討し、必ず詳細な合弁契約書を締結しましょう。また、既存の会社を買収する場合には、デューデリジェンスを実施し、リスクを反映した株式譲渡契約書等の契約書を締結する必要があります。

解 説

　海外進出にあたって、現地法人、支店、駐在員事務所等の形態が存在します。新規で進出する場合にどの形態で進出するかは、進出先の国の法令（以下「現地法」といいます）を慎重に確認して決める必要があります。

　また、既存の会社を買収するという方法も存在しますので、これらを比較して最も適切な形態で進出するようにしましょう。

1　外資規制を確認する

　どの国においても、業種によっては外資の参入が認められなかったり、外資が参入する場合に許可や届出が必要となるといった外資規制が存在します。特に、新興国においては先進国よりも外資規制が厳格であることが多いです。

263

そこで、進出前に現地法の外資規制を確認しなければ、進出はしたものの実際に事業を行うにあたって必要なライセンスが内資企業しか取れない、あるいは一定の現地資本が入っていなければ取れないといった事態も生じます。

　コストを抑えるために現地法の規制について専門家に確認せずに現地のコンサル会社に一任して進めるようなこともありますが、専門家に事前に確認するほうが結果的に無駄なコストの発生を防ぐことにもつながります。

　この点、外資規制を回避するため、土地所有者や株主について現地の会社や人の名義を借りることがあります。しかし、国によっては、名義借りは違法な行為として法令で規制されていることもあります。

　また、そのような法令がない場合でも、実質的な金銭の支出にかかわらず、法的には土地や株式は当該名義人の所有となるため、名義人に騙されたり裏切られたりした場合、法的な責任追及が難しい場面もよくあります。

　したがって、安易に名義借りを行うことは避け、どのようなスキームが望ましいかを事前に検討することが重要です。なお、よくあるケースとして、現地に長く住んでいる日本人や日本語のできる現地の人に相談して投資を進める際に、名義借りの問題が発生することが多いです。予防法務の観点からは、きちんと弁護士などの専門家に相談するようにしてください。

2　いずれの形態とするかの判断要素

　現地法人、支店、駐在員事務所等のいずれの形態で進出するかについては、形態に応じてどのような規制が存在するか、売上を立てることが可能か、税率は同じかなどに関する現地法を事前に慎重に確認する必要があります。

　例えば、ミャンマーにおいては、駐在員事務所の形態は金融業のみ認められ、それ以外の業種は認められないとされています。また、タイにおいては、支店という形態は実務上ほぼ利用されず、駐在員事務所の場合には

売上を立てることはできないとされています。

　一般論としては、海外で実際に事業を行う場合には、現地法人の形態で行うことがよい場合が多いと考えられます。理由としては、現地法人の形態の場合には、最初は完全子会社の形であったとしても、途中から株式譲渡や第三者割当等で合弁に変更も可能であり、また、撤退時に株式譲渡の方法も選択肢に入るからです。

　さらに、国によっては一定の業種や一定額以上の投資の場合に投資許可等を取得して租税の優遇措置等を享受できることもありますが、その場合も現地法人が取得できることが多いです。

　これに対して、支店や駐在員事務所を選ぶ理由としては、情報収集のみの目的で設立し、赤字を日本側と通算しやすいといったことが挙げられますが、果たしてこのような場合に本当に海外に進出する必要があるのか、出張や他社への出向という形では難しいのかを事前に見極める必要があります。

　また、法的責任の観点からも、現地法人は独立した法人格を有するため、海外の現地法人の債務については親会社が当然に負うわけではありません。なお、海外の支店の債務については日本の本店が当然に責任を負うことになりますので、この点も留意が必要です。

3　合弁か否か

　海外進出する際、海外で事業を行う以上、当然に現地企業と合弁で行う必要があると考えている企業もあるかと思います。しかし、上記1で述べたとおり、それは外資規制次第であり、外資100％で法人を設立することが認められる事業も多く存在しますので、当然に合弁事業とすべきというわけではありません。

　もちろん、外資100％が可能でも合弁が認められないわけではありませんので、その場合には合弁で事業を行うメリットがデメリットよりも本当

に大きいのかを慎重に検討する必要があります。

　合弁のメリットとしては、一般に、現地企業のネットワークを活用できることが挙げられます。

　他方、デメリットとして、意思決定に時間がかかることや、意見の相違が生じた場合の対応が挙げられます。海外においてよくある紛争の１つが合弁先の企業とのトラブルです。合弁先とのトラブルを防ぐためには、必ず合弁契約書を締結したうえで進出すべきです。

　トラブルの多くは、事前に合意した事項を相手側が履行しないといったものであり、かつ、その合意内容が書面に残されていないことが原因となっています。そのような場合、「言った」「言わない」の水掛け論になります。合弁契約書があればそのようなトラブルを防ぐことができます。

　合弁にあたっての留意点として、合弁比率について慎重に検討する必要があります。よく、２社合弁のケースで50％ずつ株式を保有するケースが見られますが、この場合、意見の対立が生じると意思決定ができないデッドロックの状態が生じやすく、かつ、いずれの会社が主導権を握るかについて曖昧になります。したがって、全く同じ比率で保有することは避けることが望ましいと思われます。

　また、現地法における会社法上の特別決議の比率も確認する必要があります。日本では、特別決議は出席した株主の議決権の３分の２以上の賛成が必要とされますが、例えば、ミャンマー、タイ、マレーシア等では出席した株主の議決権の４分の３以上の賛成が必要であり、その比率を踏まえて特別決議に必要な議決権を確保できる以上の株式を保有すれば、ほとんどの決議事項で自社単独で可決可能となります（何％の株式を保有するかの目安にもなります）。

　逆に、少数株主の場合、日本であれば３分の１以上、ミャンマー等では４分の１以上保有すれば特別決議事項については拒否権を有することとなります。それ以下の保有比率の場合には、合弁契約書等で重要事項につい

て全員一致事項とするなどの手当が必要となります。

　なお、合弁契約書の準拠法を現地法以外の法律にしたとしても、現地法の会社法の適用は避けられませんので、現地法の確認は必須となります。

4　買収の検討

　海外に進出する方法として、以上で述べた方法以外に、既存の海外企業への出資や買収も選択肢として存在します。

　その場合の流れとしては、通常は最初に秘密保持契約を締結します。そのうえで、基本合意書を締結し、デューデリジェンスを行います。

　デューデリジェンスの留意点として、まず、法務デューデリジェンスについては、対象会社が所在する現地法を理解していなければ適切な精査を行うことができません。

　特に、事業の実施に必要なライセンスを保有しているか、外資が株主に入ってもそのライセンスを更新できるかといったことは慎重に確認する必要があります。

　また、財務デューデリジェンスについては、新興国では二重帳簿が作成されているケースが多く、本当の財務状況を確認することが困難な場合があります。

　その場合には、株式譲渡契約書において、表明保証等の適切な条項を入れることが重要です。また、契約違反が後に発覚しても損害賠償請求が難しい場合もあるので、リスクが日本以上に高いことを考慮したうえで買収価格を決める必要があります。

(3) 現地で事業を行う際に留意すべき法規制

Q

現地で事業を行ううえで留意すべき法規制について、労働法、会社法、契約、不動産法制、個人情報保護法、資金調達、コンプライアンスなどの法分野に応じて教えてください。

A

労働法については雇用契約書の締結、会社法については株主総会や取締役会に関する規制、契約については現地の商習慣や法制度、不動産法制については外資規制、個人情報保護法については取り扱う個人情報の所在国における法規制、資金調達についてはその方法に応じた法規制、コンプライアンスについては汚職防止に関する法規制、環境関連法、消費者保護関連法などに注意します。

解 説

　法律は会計よりも国ごとの違いが大きい分野です。法体系は大きく分けると判例等の先例を重視するコモン・ロー（英米法）と成文法を重視するシビル・ロー（大陸法）の2つが存在します。

　日本は大陸法を採用しています。インドやマレーシアなどの旧イギリス領の多くの国は英米法を採用しています。

　また、法律については、国ごとに名称が違うことも多く、例えば、民法という名称の法律は存在しない国もあることに留意が必要です。

1　現地の労働法をめぐる予防法務

①　書面作成の重要性

　海外に進出後、どの企業にとっても最初に確認する必要が生じるのが現地の労働法です。多くの企業が進出後に現地の人を雇用することとなり、その際には雇用契約書を締結する必要があります。

　雇用契約にあたっての留意点としては、書面で締結することが義務か否かは国によって異なることです。しかし、法律上は書面の締結が義務づけられていない場合においても必ず雇用契約書を締結するようにしましょう。

　海外では、日本と文化、習慣、法律が異なるため、一緒に働く過程でトラブルが起こることは避けられません。その際に重要になるのが、雇用契約書や就業規則等の書面で定められた内容に違反した行為があったか否かです。

　日本では当然のことが海外においては当然ではないことがあります。雇用契約書等に規定がなければ日本のやり方や日本の常識と異なることを理由に懲戒処分を行うことはできません。

　また、日本ではポジションにかかわらず様々な業務に対応することが多いですが、海外においては職務内容に記載した業務以外は業務を行わない場合もあります。したがって、対応してもらう可能性のある業務は幅広く記載するようにしてください。

　また、就業規則について、日本では従業員を10名以上雇用する場合に作成が必須とされていますが、海外では国によって作成義務の有無や要件が異なります。

　しかし、仮に作成義務がない場合であっても、ある程度の人数を雇用する場合には、就業規則を作成することが望ましいです。少人数であれば個別に雇用契約書のみでも対応できますが、大人数になれば管理が難しくな

ることもあり、雇用管理の観点から就業規則を作成することが労務紛争の
予防につながります。

②　現地の慣習に合わせた労務管理の実施

　労務管理を実施するにあたっては、現地の習慣や文化を踏まえて対応す
るようにします。例えば、注意する際は他の人がいない場所で個別に行う
ことが一般的であり、人前で注意することを侮辱等と感じる国もあります。

　また、給与等を社員間ですぐに共有することが一般的な国もあり、その
場合、給与額や手当等が違う場合に会社に説明を求め、合理的な説明がな
ければ不満に感じてすぐに退職することもあります。そのため、合理的な
説明ができる賃金体系を構築する必要があります。

　また、労働時間、休暇、時間外労働手当、賃金支払方法、社会保障、労
働組合、労働紛争に関する裁判等の制度は国ごとに異なりますので、これ
らの項目に関する現地法の規制を確認したうえで雇用契約書の作成や実際
の運用を行いましょう。

　例えば、労働時間は東南アジアでは週当たりの所定労働時間が48時間ま
で認められることがあります。また、日本と異なり、有給休暇が短い代わ
りに医療休暇が30日と長期間認められることがあります。賃金の支払方法
について、原則として月に2回支払うことが必要であったり、最低でも15
日分の給与を賞与として支払う義務があったりする国もあります。

③　労務トラブルの処理

　よくある労務トラブルとして、従業員の遅刻が挙げられます。この点に
ついては、遅刻した場合、その分給与を減額するのかといったことを事前
に詳細に決める必要があります。また、ある人は注意して他の人は注意し
ないなど、人によって対応が異なると従業員が不満に思うことがあるため、
対応についても統一するようにしましょう。

　横領のトラブルもよくあります。まずは横領が起こらないように金銭管

理について必ず複数人でのチェックがなされる体制をとるなど、横領する
のが難しい体制を構築しましょう。

　それでも横領が起きた場合には、内部調査を行って証拠を固め、懲戒解
雇のみならず、横領の程度や本人の態度を踏まえて民事や刑事裁判の利用
を検討します。ある程度厳しく処分しなければ、他の従業員に対する示し
がつかず、横領してもあまり問題にならないと感じさせることは避けなけ
ればなりません。

　さらに、解雇をめぐるトラブルもあります。解雇については、解雇が認
められる理由や手続が国によって異なります。

　法律上解雇が認められない場合であるにもかかわらず解雇してしまうと
不当解雇だと会社が訴えられることになります。事前に現地法上解雇が認
められる場合であるかを専門家に確認するようにしましょう。

　解雇無効を争う裁判となれば、余計に弁護士費用や時間を要しますので、
事前の確認が重要です。懲戒解雇事由に当たるか曖昧な場合には、実務上
は合意解雇の方向で協議することもお勧めです。

2　現地の会社法をめぐる予防法務

　一般に、各国の会社法では、株主総会決議事項、株主総会の開催、取締
役会決議事項、取締役会の開催等が規定されています。

　特に、株主総会は毎年の開催が義務づけられていることが多いです。海
外の現地法人では株主が少ないため開催を怠ることも見受けられますが、
後から問題になることもあるため、必ず開催するようにしましょう。

　また、国によっては年次報告書等の所定の書式を毎年1回提出する義務
が規定されていることもあります。そのほか、会社法に関連して、以下の
ような事項に留意すべきです。

① 役　員

　会社の取締役については、国籍要件や常駐要件が定められていることがあることから、事前に確認することが重要です。また、国によっては、秘書役や監査人等の選任が必須の場合もありますので、現地法上、どのような役員を選任する必要があるかを事前に確認する必要があります。

② 定　款

　定款は会社の運営にあたって重要な規程となります。会社の定款について、国によっては政府がモデル定款を公表していることもあるため、モデル定款をそのまま採用することもありますが、合弁会社の場合には、合弁契約とモデル定款の内容に整合性があるかを確認し、合弁契約書に合わせて定款を修正するようにしましょう。

③ 株　式

　株式について、新株発行、種類株、株式譲渡、株券発行義務の有無等について国ごとに規制が異なりますので、現地法に沿った対応が必要です。

④ 配　当

　投資を回収するためには利益配当を行う必要がありますが、その要件や手続についても国ごとに異なります。したがって、配当は実施する前に現地法を確認するようにしましょう。

3　現地での契約をめぐる予防法務

　日本では民法が契約関係を規律していますが、現地において民法という名称の法律が存在しないことがあります。この場合も、通常は同じ分野について定めた法律が存在します。

　そこで、現地において売買契約や業務委託契約などを締結する場合、現

地の契約法等の契約に関する法規制や商習慣に合致した内容であるかを確認する必要があります。

　また、金銭消費貸借契約などで現地企業や現地人から担保を取得する場合には、現地の担保法制に違反しない内容であるかを確認する必要があります。特に、不動産を担保にする場合には、外資企業の不動産取得について規制が存在することも多いため、不動産法制に違反しないかを慎重に確認する必要があります。

　一般的な留意点として、日本での契約以上に、海外では契約書を必ず締結すること、そして契約書は可能な限り詳細に記載することが必要です。

　日本では口頭のみで取引を行うこともありますが、特に海外ではトラブルの原因になりやすいため、時間や手間を要することになっても、事前に詳細な契約書を作成して協議し、契約書を締結したうえで取引を行うようにします。

　事後にトラブルになった場合の時間や費用は大きなものとなりますので、トラブルを回避できるメリットを考えれば、詳細な契約書の作成は長期的には時間や費用を抑えることにつながります。

4　現地の不動産法制をめぐる予防法務

　海外で土地などの不動産の取得を検討することもあると思います。

　しかし、不動産については、国ごとに独自の様々な規制が存在することが多いので注意が必要です。例えば、日本では土地と建物はそれぞれ独立した不動産として扱われますが、国によっては、建物は土地の付属物として扱われることもあります。

　また、土地について、土地の種類や地目に応じた規制が存在することも多いです。国によっては、一定の種類の土地のみ外資が取得することが可能なこともあります。同様に、コンドミニアムについても、一定金額以上

の物件や一定の要件を満たしている物件のみ外資が取得可能な場合があります。

　不動産の取得のみならず、賃借についても、期間や外資の賃貸借について規制があることがあります。例えば、ミャンマーにおいては、原則として外資は1年までしか賃借できないといった規制が存在します。

　そのほか、不動産の取得や賃借に関する契約書について、登記が義務づけられている国も多いといえます。登記を行わなければ効力が認められなかったり、罰金が科せられたりすることもあります。

　また、不動産に関する契約書に限りませんが、日本と同様に印紙税の納付が必要な場合も多く、印紙税に関する規制についても事前に確認するようにしましょう。

5　現地の個人情報保護法をめぐる予防法務

　多くの企業が多数の個人情報を取り扱っていますが、近年、個人情報の取扱いに関する法規制が各国で厳格化されています。例えば、EUでは、GDPR（EU一般データ保護規則）が施行されており、規定に抵触すると判断された場合、企業の全世界年間売上高の2％（特定のケースでは4％）、もしくは1,000万ユーロ（特定のケースでは2,000万ユーロ）のうち高い金額が制裁金として科せられます。

　また、アメリカでは、CCPA（カリフォルニア州消費者プライバシー法）が施行され、中国では、サイバーセキュリティ法が施行されて情報管理における広範囲な規定が設けられています。日本でも、個人情報保護法の改正により、世界的な規則の強化に呼応するように日本国内での規定や罰則が強化されています。

　このように、各国において個人情報の取扱いに関する法規制が厳格化されるなか、企業としては、国境を超えた情報の取扱いについて慎重な対応

が求められます。

　データ化された情報を取り扱う際には国境を意識しないこともありますが、海外の個人情報を取り扱う場合には、違反した場合には巨額の罰金が科せられることもあり、その国の個人情報保護法制を遵守する必要があります。特に、サーバーの国内設置義務の有無、海外への情報の移転の制限、個人からの同意の取得義務の有無等に留意が必要です。

6　現地での資金調達をめぐる予防法務

　海外で事業を行う場合、最初は赤字が続くことで資金が不足するため、あるいは大型の投資を行うために資金が必要になることがあります。その際、資金調達の方法としては、①増資、②借入れのいずれかによることが一般的です。

　増資の場合、追加で入れるお金は資本金として入れることになることから、海外の事業が失敗した場合には返還されません。また、利益配当により実質的に全額回収するには非常に時間を要することになります。さらに、減資の手続は増資の手続と比較して非常に手間や時間を要することも多く、株主である親会社の視点からはそれらを踏まえて決める必要があります。

　他方、現地法人からすると、増資は、返済義務や金利支払義務がないことから、借入れよりも望ましい方法となります。

　なお、増資については、既存の株主に割り当てることが一般的ですが、第三者の引受人が見つかる場合には、第三者への割当ても可能です。

　もっとも、通常は既存株主の同意や当該企業の取締役会の承認を増資の要件としていることも多く、必要な手続を経る必要があります。さらに、現地法上の増資の所定の手続や登記変更手続も行う必要があります。

　借入れの場合、最も容易でよく利用されるのは親子会社間のローンです。この場合、例えば、ベトナムやミャンマーでは事前に中央銀行による承認

が必要な場合があるなど、国によって海外からの借入れは規制があることも多いため、現地法の規制を事前に確認する必要があります。

また、借入れで用いる通貨によって為替リスクが生じます。さらに、現地法人の負担を軽くするために金利を低く設定しすぎると、税務上の問題が生じる可能性があります。これらの点を事前に確認したうえで、金銭消費貸借契約書を締結する必要があります。

なお、借入れについて、株主である親会社からではなく、現地の銀行から直接融資を受けることもありますが、現地法人は十分な信用力を有していないことから親会社がその債務を保証することが一般的です。

この場合、親子間であっても債務保証料の取決め等がなければ税務上の問題が生じる可能性があります。

7　現地でのコンプライアンスをめぐる予防法務

コンプライアンスに関する重要な問題として、海外での贈賄の問題が挙げられます。この点、特に新興国においては、賄賂が習慣化している国があります。しかし、多くの国において汚職防止法等が存在し、法律上あらゆる贈与が認められているわけではありません。

また、現地法のみならず、日本の不正競争防止法、米国の海外腐敗行為防止法、英国の贈収賄防止法、中国の商業賄賂規制などは、海外における贈収賄に対しても適用されることがあります。

実際に、日本企業の海外における司法取引が刑事罰の適用対象となった事例がタイにおける贈収賄事件でありました。摘発された場合に、「現地ではよく行われている」という言い訳は行為を正当化する理由にはなりません。

社会的儀礼の範囲内と認められる行為であれば問題ありませんが、金額、相手の職位、請託の有無などの要件を満たせば違法になります。そのため、海外に現地法人や支店を有している企業は汚職防止規程を社内で作成して

いることもあります。

　まだ作成していない企業においては、同様の規程を作成し、海外の従業員に当該内容の説明を行う研修会の実施等を行うことで法律違反を防止することができます。

　また、コンプライアンスに関しては、世界的に環境問題への対応が注目されています。これに伴い、各国で環境関連の法規制が制定されています。
　特に製造業においては、進出に際して環境影響評価が必須の場合があります。事業運営においても、水、騒音、空気、廃棄物等について詳細な基準や手続が規定されていることもあるため、事前に確認が必要です。
　そのほか、消費者を保護するための法規制も多くの国で制定されています。例えば、商品販売時のラベル、説明、解約、問題が生じた際の責任や対応方法等が規定されています。特に小売業においては、事前に消費者保護関連法の内容を確認したうえで販売方法を検討する必要があります。

8　ビジネスと人権

　企業活動の人権への影響は、社会に大きな影響をもたらすものの1つであるとの認識が高まり、人権への尊重が世界的に注目されるようになりました。特に、新興国においては法整備の不備や行政機関による監督が不十分なことなどの理由により人権侵害が生じやすい状況となっています。
　ビジネスと人権に関する国際的な取組みとしてESG（Environment・Social・Governance）やSDGs（Sustainable Development Goals）が挙げられます。企業活動において人権侵害があればレピュテーションリスクが生じ、消費者の不買運動につながる可能性があります。今後、海外で事業を行ううえでは、①人権指針の策定、②人権デューデリジェンスの実施、③救済メカニズムの構築が重要になってくるといえます。

(4) 海外事業からの撤退

Q

海外の事業から撤退する際の留意点について教えてください。

A まず、撤退に合理的理由があるかを検討しましょう。そのうえで、可能であれば株式譲渡の方法による撤退が望ましいです。それが難しい場合、会社法に基づく清算を行うことになります。ただし、負債の弁済が困難な場合には、倒産法に基づく倒産手続を行うことになります。

解　説

　事業不振や事業再編を理由に、海外の事業から撤退することがあります。撤退の理由や基準は会社ごとに異なりますが、海外に進出する前から、赤字の累積額や一定年数経過しても黒字化できない場合など、一定の撤退基準を社内で決めたうえで進出することが望ましいです。

　撤退に関する法制度は国ごとに異なりますので、進出前に撤退が容易か難しいかというのも進出を決める際に考慮する事情として重要となります。

　一般的には海外に進出してすぐに黒字化することは難しく、数年は赤字が続くことが多いです。そのため、投資期間として我慢をすればいずれ黒字化するのか、それとも今後事業を継続しても黒字化する見込みがないのかは慎重な経営判断が必要です。なお、休眠制度がある場合には休眠化することも考えられますが、休眠会社という制度が存在しない国もあります。

　日本法との関係では、海外子会社の具体的な処理にあたっては、日本の親会社の取締役の善管注意義務の問題についても検討する必要があります。例えば、海外での撤退費用の負担、事業継続資金の融資、低い価格での株

式譲渡などが問題となり得ます。これらは基本的には、経営判断となりますが、株主に対して撤退に合理的な理由があったことを説明できるための証拠を揃えたうえで撤退を進める必要があります。

　撤退を決めた場合、撤退の手段として主に3つの手段が存在します。すなわち、株式譲渡、会社法に基づく清算、倒産法に基づく倒産手続です。それぞれの手続において考慮すべき事項を以下の項目で解説します。

1　株式譲渡

　日本の親会社が保有する現地法人の株式を、第三者や合弁相手に譲渡する手段です。

　清算や倒産と比較すると、時間的にも費用的にも最適といえます。もっとも、実務上、株式を買ってくれる相手を探すのが難しい場合があります。

　相手が見つかった場合には、デューデリジェンスに協力し、株式譲渡契約を締結することとなります。その際、責任の範囲を適切な範囲内に限定する内容で株式譲渡契約を作成する必要があります。株式譲渡契約締結後は、現地法に基づく株式譲渡手続を進め、登記等によって株主変更が完了したことを確認します。

　なお、譲渡相手、自社の規模、当該事業におけるシェアの比率によっては競争法との関係が問題となる可能性もありますので、その点にも留意が必要です。

2　会社法に基づく清算

　株式譲渡が難しい場合、会社法に基づく清算をすることになります。法律上の手続としては、通常、清算は株主総会の特別決議事項であるため、自社の持株のみで特別決議の要件を満たすことができない場合には、他の株主の同意も得る必要があります。

清算にあたっては、事業を停止する必要がありますので、時間的余裕を持って取引先との取引の解約について対応する必要があります。また、清算は従業員を解雇する必要がありますので、現地法に従った解雇手続や補償を行う必要があります。

さらに、債務について、債権者から異議申立てがあると清算を進めることができないため、通常は現地法人が抱える負債をすべて弁済したうえで手続を行います。

なお、税務当局から納税証明書等を取得しなければ清算手続を完了させることができない国も存在します。法律上の手続以上に税務で時間を要することも多いため、早めに手続を進める必要があります。

また、国や取得している許可等によっては政府の許可を得る必要がある場合もありますので、通常の法律上の手続以外に別途清算の許可を取る必要があるかも確認し、許可を取る必要がある場合には早めに担当者と面談を行うなどして、手続が円滑に進むよう手配する必要があります。

3　倒産法に基づく倒産

負債の全額弁済が困難である場合で、現地において倒産法が存在する場合には倒産手続を利用することも選択肢となります。

この際に留意すべき事項としては、法制度を十分に検討し理解することのみならず、実際に現地の倒産法がどのように実務上運用されているかを確認する必要があることです。例えば、タイやミャンマーにおいては、法律は存在するものの、実務上は倒産手続を行うことは困難です。

また、倒産手続を選択する場合には、清算の場合以上に、債権者、取引先、その他の第三者との関係における自社のレピュテーション・リスクへの配慮が必要になります。そこで、状況によっては、親会社が負債を弁済することで倒産手続を回避するということも考えられます。

7

会社承継の予防法務

　法人である会社は将来にわたって永続的に存続し、事業を継続していくことを前提にしており、これを“ゴーイングコンサーン（Going Concern）”と言います。ところが、個人である会社の所有者（株主）や経営者については、永続的に存続することは不可能であり、いずれ会社を承継させなければならないタイミングがやってきます。

　本章では、そのような場合に備えて、円滑に会社を承継させるために必要な予防法務の知識について解説します。

(1)　M&A による会社承継

Q

私は現在経営している会社の100％株主（いわゆるオーナー経営者）ですが、後継者もおらず、将来は第三者に会社を売却して承継してもらうこと（M&A）を考えています。M&A の方法にはどのようなものがあり、どのような点に留意しておけばよいか教えてください。

A

M&A には、株式譲渡、会社合併、会社分割、事業譲渡といった方法があります。どの方法で M&A を行うかは、その利害得失を税務上の観点も踏まえて検討する必要があります。

解　説

1　M&A の方法（基本は株式譲渡）

　オーナー経営者に後継者がいない場合、第三者に会社の株式または事業そのものを売却することが考えられます。いわゆる M&A と呼ばれているものです。M&A は、廃業することに比べると大切な事業を存続させることができ、従業員の雇用を確保することができるというメリットがあります。また、オーナー経営者としては、M&A の対価を引退後の生活費に充てることができます。

　M&A の方法としては、承継の対象を特定しない包括的な譲渡として、株式譲渡・会社合併、また、承継の対象を特定するものとして、会社分割・事業譲渡といった方法があります。

　包括的な譲渡のうち、株式譲渡の場合には対外的な権利関係に変動がな

く、承継の手続が簡便であるというメリットがあります。また、会社合併には簿外債務や偶発債務をすべて買主が承継するというデメリットがありますので、そのようなリスクを避けるため、一般的には株式譲渡の方法が用いられることが多いといえます。

これに対して、不採算部門は切り離して採算部門のみを譲渡したい場合、あるいは確実に簿外債務や偶発債務を排除しておきたい場合などには、承継する事業や資産・負債を特定したうえで譲渡することもあります。

これには会社分割・事業譲渡といった方法がありますが、事業譲渡のほうが承継の手続がより煩雑であるというデメリットがあり、一般的には会社分割が用いられることが多いといえます。

それでもやはり、承継の手続が最も簡便であって買主に好まれるのは株式譲渡であるといえます。また、売主としても、後述のとおり会社分割・事業譲渡の場合には税務上のデメリットがあり、株式譲渡の方法によることが望ましいといえます。

そこで、オーナー経営者としては、株式譲渡によるM&Aを円滑に実現できるようにするため、事前に会社の事業を整理し、また、潜在的な簿外債務や偶発債務がないように適切な会計処理をしておくことが重要であるといえます。

2　各方法による課税関係の相違

株式譲渡の場合、売主であるオーナー経営者に対して、株式譲渡益について税率約20％の譲渡所得税が課せられます。これは分離課税であり、譲渡所得税のみで課税関係が完結します。そして、会社そのものには変更が生じませんので、会社に対する法人税の課税関係は特段生じないことになります。

これに対して、会社合併の場合、株主に交付される金銭については配当

とみなされ、税率約20％の分離課税ではなく、最高税率55％の総合課税の対象となります。さらに、会社そのものが時価で譲渡されたものとみなされ、含み益相当額について法人税の課税がなされます。

　また、事業譲渡の場合、まずは譲渡益相当額について、会社に対して法人税の課税がなされることになります。そのうえで、会社が受け取った対価を株主に配当する際には、株主に対して所得税の課税（総合課税）がなされることになります。

　会社分割の場合、やや複雑で、株主に対価が交付される場合（これを分割型分割といいます）と株主に対価が交付されない場合（これを分社型分割といいます）で課税関係が異なります。分割型分割の場合、譲渡益相当額について法人税の課税がなされます。そのうえで、対価を株主に配当する際には、株主に対して所得税の課税（総合課税）がなされます。また、分社型分割の場合、譲渡益相当額について法人税の課税がなされ、さらに株主に交付された金銭は配当とみなされて所得税の課税（総合課税）がなされます。

　いずれにしても、株式譲渡以外の場合、会社に対して法人税の課税がなされることに加えて、株主に対する課税についても分離課税ではなく、より税率の高い総合課税の対象になりますので、税務上の観点からは、オーナー経営者にとっては株式譲渡が最も有利な方法となることが一般的であるといえます。

3　M&A と役員の退職金

　そのほか、M&A について検討するうえで重要となるのが、オーナーチェンジに伴う役員の退任および退職金の支給です。

　すなわち、オーナー経営者のように株主が役員を兼ねる会社では、M&A のタイミングで役員を退任することが一般的ですが、その際に支払われる退職金は譲渡対価の引下げ要因になりますので、その支給の有無お

よび支給額を検討するにあたっては、税務上の観点からの検討が必要です。

　この点、退任する役員に対して支給される退職金は、退職所得として一般的に有利な税務上の取扱いがなされます。

　具体的には、支給される退職金の額から勤続年数に応じた一定額を控除したうえで、その2分の1のみが所得税の課税対象となります。そして、退職金を支給する会社の側では、法人税の損金算入が認められますので、それだけ将来の税負担が軽減されることになります。

　さらに、会社の純資産の減少に伴って譲渡対価も減少することが通常ですので、売主としては、その分だけ譲渡時の課税所得が減少することになります。

　このように、M&Aについて検討するうえでは、税務上の観点から、役員の退任とそれに伴う退職金の支給について検討することが重要ですが、留意が必要なのは、退職金の額が過大であると認められる場合には税務上の否認対象になるということです。

　過大であるかどうかは、退職までの勤続年数・退職時の報酬額・退職時の役職などを踏まえて、会社に対する功績が総合的に評価されますので、将来会社を売却するまでにそのような実績を蓄積しておくことが重要であるといえます。

法務ワーク〜Home Work〜 ● 適正な退職金の算定方法

　役員に退職金が支給される場合、また、役員でなくても、役員の親族など特殊関係のある使用人（特殊関係使用人）に退職金が支給される場合、その支給が利益調整などに利用されるおそれがあることから、支給される退職金のうち不相当に高額な部分の金額については、過大退職給与として、法人税法上、損金算入が否定されます（法人税法34条2項、36条）。

　この点、相続・事業承継・M&Aなどの場面において、退職する役員に退職

金を支給することで節税をすることが可能であるため、税務調査ではその支給額が過大であるとして問題とされることが多いといえます。

　どのような場合に退職金が過大であると認められるかは、業務に従事した期間、退職の事情、同種の事業を営む法人でその事業規模が類似するものの役員に対する退職給与の支給の状況等に照らして退職金の額が相当であると認められるか、という基準によって判断するものとされています。相当であるかどうかを客観的に判断することは一般的に難しいので、実務上は、平均功績倍率法と呼ばれる方法によって退職金の相当額を判断することが多いです（札幌地判平成11年12月10日・訟月47巻5号1226頁）。

　平均功績倍率法とは、「最終報酬月額×勤続年数×平均功績倍率（退職役員の功績を割合によって評価した係数）」の算式によって退職金の相当額を算定する方法です。

　ここで係数とされる平均功績倍率は、同業種の法人であって売上、資産等の規模が類似する法人（比較法人）において採用される功績倍率の平均値であり、一般的な企業平均でいうと、概ね2倍から3倍程度の功績倍率が採用されていることが多いです。

　なお、最終報酬月額については、一般には、退職時の役員の適正報酬額であると考えられますので、実際の報酬額を用いることが原則です。もっとも、退職直前に報酬額が大幅に変動している場合には、本来の適正な報酬額を用いることになると考えられます。

(2) 名義株の処理方法

Q

私は現在経営している会社の最大株主で実質オーナーですが、引退した後は会社を誰かに承継させたいと考えています。ところが、少数株主の名義が親族で分散しており、これをまとめたいのですが、どのようにすればよいでしょうか。

A

親族がいわゆる名義株主である可能性がありますので、まずはその点の確認が必要です。名義株主とは言い切れない場合には、株式を集約する必要があります。

解説

1 名義株主の取扱い

かつて、商法上の規制により、会社設立にあたっては、7名以上の発起人（会社に資金を拠出して株主となるべき者）が必要とされていた時代があり、その要件を形式的に充足するため、実際に資金を拠出する者以外の者の名義を借りて形式的に発起人にすることも珍しくありませんでした。

このように、実際には資金の払込みをしないにもかかわらず、単に名義のみ株主名簿に記載された株主を「名義株主」といいます。

この点、法律上は実際に資金を拠出した者が株主であり、名義株主は真実の株主ではないというのが判例です（最判昭和42年11月17日・民集第21巻9号2448頁）。そこで、株主名簿上の株主が名義株主であると認められる場合、会社としては、真実の株主を株主として取り扱うことが認められるものと

解されます。

　もっとも、現実には、株主名簿に記載された株主が名義株主であるかどうかを判断することは難しく、会社設立時や増資時の株式引受け・払込みに関する資料や会社経営の実態などを総合的に考慮したうえで判断する必要があります。

　そして、名義株主であることが立証できない場合には、株主名簿上に記載された株主を真実の株主として取り扱わざるを得ないと解されます。

　この場合、会社の最大株主である実質オーナーとしては、将来会社を承継させるため、以下で述べるような方法で少数株主から株式を取得することで、株式を集約しておくことを検討する必要があります。

2　株式集約の方法

　株式を集約するためには、まずは少数株主から任意に株式を譲り受ける方法が考えられます。その際には、譲渡価格についても個別で合意することが必要ですが、その合意が整わない場合には、強制的な取得方法を検討することになります。

　すなわち、任意に譲り受けることが難しい場合、会社法上の手続によって強制的に少数株主を排除することを検討します。これを一般に「スクイーズアウト」といいますが、その方法として、株式併合の実施や全部取得条項付株式の導入により、少数株主に対しては株式の時価に相当する金銭を対価として交付することで株主としての地位を喪失させることが考えられます。

　また、90％以上の株式を保有している場合には、より直接に少数株主に金銭を支払うことでこれを強制的に買い取ることができます。

3　税務上の留意点

　名義株主の問題については、これを早期に処理しておかないと、税務上で思わぬ問題が生じることがあります。例えば、株主名簿上、支配株主が70％を保有しており、少数株主が30％を保有している場合、支配株主に相続が生じるとすれば、その相続人は、70％の株式を相続したものとして相続税の申告をすることになります。

　ところが、仮にその後の税務調査において、少数株主が名義株主であると認められた場合には、30％の株式が申告漏れであったとして追徴課税を受けることになります。

　これとは逆に、少数株主に相続が生じた場合、相続人としては全く株式の存在を知らなかったために、これを相続財産に含めずに相続税の申告をすることがあり得ます。

　これが名義株であれば申告は正しいということになりますが、税務調査において株主名簿上の株主であることを指摘された場合、相続人の側で名義株主であることを適切に説明できなければ、追徴課税の対象になる可能性があります。

　また、株式の集約にあたって、任意に譲渡価格を合意する場合、その対価が株式の時価と乖離している場合には、利益移転があったものとして贈与税の課税対象になる可能性もあることに注意が必要です。

　なお、ここでいう株式の時価については、相続税基本通達が定める評価方法を用いることが認められており、その検討が必要になります。

(3) 株式を円滑に承継するための方策

Q

私は現在経営している会社の社長で100％株主ですが、将来は息子に会社を継がせたいと考えています。今のうちからどのような対策をしておくべきでしょうか。

A 会社の株価が高額である場合には、後継者以外の相続人との関係に配慮する必要があります。また、税金についても注意が必要です。

解 説

1 株式承継の方法

後継者に株式を承継させる方法は、大きく分けて、
① 売　買
② 生前贈与
③ 遺言相続
の３つが考えられます。

まず、①売買については、適切な対価が支払われる場合には、他の相続人との関係で将来問題になることはありませんが、後継者において資金を用意しなければならないという問題があります。また、売主である現社長の株式譲渡益に約20％の所得税がかかることにも注意が必要です。

次に、②贈与については、後継者において資金を用意することは不要であり、簡便に株式を承継させることができますが、株価が高額である場合

には、多額の贈与税が後継者にかかってしまうという問題があります。

　ほかにも、他の相続人に十分な財産を残せなかった場合には、遺留分侵害であるとして将来問題になる可能性もあります。

　最後に、③遺言相続については、あらかじめ後継者に株式を相続させる旨の遺言書を作成しておくことによって、相続開始時に株式を承継させる方法です。遺言書を作成するだけですので、その時点で税金はかからず、将来相続が発生した時点で相続税がかかることになります。ただし、遺言はいつでも撤回可能であり、後継者としては不安定な立場に置かれることになります。

2　遺留分対策を考える

　遺留分とは、遺産のうちの一定割合を各相続人の最低限の取り分として保障するものです。各相続人の遺留分は、遺産全体に対する遺留分割合（原則として2分の1。ただし、直系尊属のみが相続人の場合は3分の1）に法定の相続分を乗じることによって算出されます。

　そして、この遺留分の計算にあたっては、相続開始時に現存する財産に加えて、生前贈与された財産も一定の範囲（原則として相続開始から10年以内）で持ち戻されることになります。

　そこで、後継者に生前贈与された株式の評価額が高額であり、将来相続が発生した時点で十分な財産がない場合には、他の相続人の遺留分を侵害する可能性があります。そして、遺留分侵害をめぐって相続人間で争いが生じるとすれば、円滑な承継が阻害されるおそれがあります。

　このことから、高額の株式を生前贈与によって後継者に承継させる場合には、なるべく早期に（相続開始よりも10年以上前になるように）贈与しておくことで遺留分をめぐる紛争を回避することが考えられます。

　もっとも、相続がいつ発生するかは確実に予測できるものではなく、また、先代経営者がすでに高齢の場合には10年以内に相続が発生することも

十分考えられますので、遺留分対策として、他の相続人の遺留分を侵害しないように十分な財産を残しておくことのほか、他の相続人に事前に遺留分の放棄をしてもらうことや遺留分の対象から株式を除外することに同意してもらうといったことが考えられます。

3　税金対策を考える

　株式を生前贈与した場合、贈与税が問題となります。贈与税は、株式の贈与を受けた後継者にかかりますが、その評価額に対して一定の税率（金額に応じた累進税率）を乗じて算出されます。その最高税率は55％であり、株価が高額の場合には、多額の贈与税が生じることになります。そこで、納税資金が十分に用意できない場合、円滑な承継が阻害されることになりますので、納税資金を確保することが重要になります。

　また、納税資金の確保と併せて、贈与税を軽減するための方策についても検討しておくことが考えられます。例えば、相続時精算課税制度を利用することで、贈与時の税負担を軽減することが可能となります。

　相続時精算課税制度とは、簡単にいうと、2,500万円までは贈与税がかからず、それを超える部分も一律20％の税率で贈与税を納付すればよいというものです（この制度を利用する場合、受贈者は贈与を受けた年の翌年の2月1日から3月15日の間に一定の書類を添付した贈与税の申告書を提出する必要があります）。そして、将来相続が発生した時点で、生前贈与された株式の評価額を相続財産に加算して相続税の計算をしたうえで、支払済みの贈与税額を相続税額から控除して精算することになります。

　これにより、贈与時に最高税率55％で課せられる贈与税の負担が生じるよりも納税資金を準備することが容易になります。

　そのほか、株式の生前贈与による円滑な事業承継を促進するために贈与税の納税を猶予する特別の制度である事業承継税制を活用することも考えられます。

索 引

用語の主な登場ページ

【編者紹介】

一般社団法人予防法務研究会

　2020年10月に弁護士の有志によって設立。現実に生じた法的紛争にどのように対応するかという「臨床法務」にとどまらず、将来起こり得る法的紛争のリスクをあらかじめ想定し、それを未然に防ぐためにどのような対策を講じておくべきかという「予防法務」の重要性に着目。現在、予防法務に関する調査研究、出版、講演会・セミナーの開催を積極的に行い、中小企業に予防法務を広く普及させることを目的に活動。

【著者紹介】

花房　裕志 （はなふさ　ひろし）

はりま中央法律事務所　代表弁護士

京都大学法科大学院卒、2010年弁護士登録。弁護士法人淀屋橋・山上合同を経て、2016年はりま中央法律事務所開設。京都大学法科大学院非常勤講師。社外役員も務め、会社法・労働法などの中小企業法務のほか M&A、事業承継、倒産法を中心に取り扱う。

野中　啓孝 （のなか　ひろたか）

弁護士法人淀屋橋・山上合同　パートナー弁護士

京都大学工学部卒、京都大学大学院工学研究科高分子化学専攻修了、京都大学法科大学院卒、2004年弁理士登録、2010年弁護士登録。ミュンヘン知的財産法センター（MIPLC）修了（LL.M.）。特許を中心とした国内外の知的財産案件を取り扱う。

木村　浩之 （きむら　ひろゆき）

弁護士法人淀屋橋・山上合同　パートナー弁護士

東京大学法学部卒、国税庁（国家公務員Ⅰ種）を経て、2010年弁護士登録。ライデン大学国際租税センター修了（LL.M.）。国内外の法務・税務に精通した"租税弁護士"（タックスロイヤー）としてオーナー企業の経営者に寄り添う。

堤　雄史 （つつみ　ゆうじ）

TNY グループ　共同代表弁護士

東京大学法科大学院卒、2010年弁護士登録。世界10か国に法律事務所を展開する TNY グループを共同で創設。主にミャンマー、マレーシア、メキシコ、タイ等の法務を取り扱っており、日本企業の海外進出を精力的にサポート。

潜在トラブル箇所を総点検
中小企業のための予防法務ハンドブック

2021年9月10日　第1版第1刷発行

編　者	一般社団法人 予防法務研究会
発行者	山　本　　　継
発行所	㈱中　央　経　済　社
発売元	㈱中央経済グループ パ ブ リ ッ シ ン グ

〒101-0051　東京都千代田区神田神保町1-31-2
電話　03 (3293) 3371 (編集代表)
　　　03 (3293) 3381 (営業代表)
https://www.chuokeizai.co.jp
印刷／文唱堂印刷㈱
製本／誠　製　本　㈱

©2021
Printed in Japan